高次宇宙種族プレヤーレンによる警告と教え

人類滅亡の回避ときたる黄金期の世界

地球を去っていくプレヤーレンが
人類に託すメッセージ!

高島康司

Message from PLEJAREN to Humankind

ナチュラルスピリット

する「プレヤーレン」のメンバー

スファート
Sfath

「プター」の父。すでに亡くなったが、1942年、ビリーが5歳の時に現れて以来、彼の教育係を担った。出会った当時、1000歳を超えていた。スファートが残した『地球の年代記』には、人類の未来について数多くのことが予言されている。

プター
Ptaah

スファートの息子であり、ビリーの主なコンタクト相手。約775歳。太陽系にある全ての「プレヤーレンステーション」の司令官。このステーションは、各惑星に配置された前線基地のようなもの。

バーミュンダ
Bermunda

コンタクトに頻繁に登場するプレヤーレンの医師。特にコロナパンデミックの発生以降は、医療系のアドバイスが多い。700歳は超えていると思われる。

セミヤーゼ
Semjase

プターの娘。現在378歳。卓越した知識により、プレヤーレンが認定した「半イシュリシュ」(「知恵の女王」の意味)の階級を与えられている。1975年1月28日に初めてビリーと交信。

＊プレヤーレンの寿命は地球人の10倍ほどあるため、プターの場合、地球人の約78歳に相当する。スファートの場合、100歳。

ビリー・マイヤーがコンタクト

フローレナ
Florena

名前は「咲くもの」の意味。1995年にビリーとコンタクトを取り始めた。現在191歳。プターがビリーにコンタクトできない時に、プターの代わりに質問したり、調査を行うことも仕事の一部。

ケツァル
Quetzal

地質学者、生物学者、化学者、物理学者など、さまざまな顔を持つ。約376歳。

Plejaren

「プレヤーレン」とは？

ビリー・マイヤーがコンタクトしている宇宙種族であり、見た目は人間と見分けがつかない。現在に至るまで、ビリーとひんぱんに交信している。

われわれの宇宙の裏側に存在する別宇宙にある「エラ星」から大型の宇宙船でやって来て、人類の意識進化をサポートするとともに、地球と人類がおかれた状況を調査している。

現在は宇宙船を使わず、FIGU内に設けられたコンタクト専用の部屋に次元移動してやって来る。彼らは「プレヤーレン連邦」として、アンドロメダ高等評議会とも連携している。

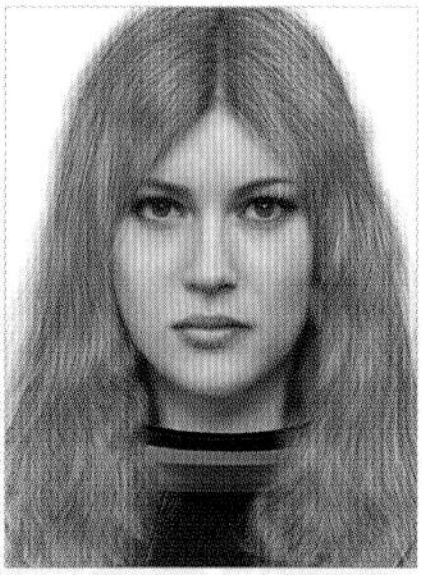

アスケット
Asket

プレヤーレンではないが、スファートに次ぐビリーの２番目の教師として、別の宇宙（ダル宇宙）からやって来た。

＊アスケットの種族は、21世紀の変わり目に起きると見られていた「第三次世界大戦」を防ぐために、地球に介入した。これは、「この太陽系の歴史の中で最も難しい仕事」と称されている。

ビリー・マイヤーのもとに訪れたプレヤーレンの宇宙船

Photo Gallery

＊撮影は、ほぼすべてビリー・マイヤーによるもの。
＊写真提供/Future Of Mankind

1975年4月20日午前10時、スイスのベーレツヴィル近郊で撮影。宇宙船とともに写っているのは、ビリーの関係者(大人6人)とビリーの子どもたち2人。

＊他の写真も含め、プレヤーレンたちはビリーに撮影場所を指示したうえで、デモンストレーション飛行を行い、宇宙船がしっかりと写るように撮影させている。

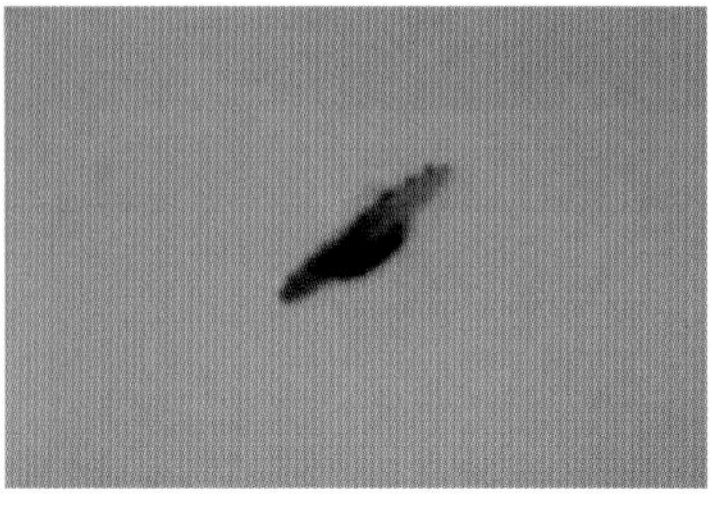

2001年8月20日午後、ウォルター・バルマー氏によって撮影されたプターの宇宙船。数多く撮影されたプレヤーレンの宇宙船の中でも、プターの宇宙船の写真はあまりないため、貴重な写真と言える。

1975年3月8日、セミヤーゼの宇宙船のデモンストレーション飛行。スイスのチューリッヒ州にて。

1975年2月27日、着陸中のセミヤーゼの宇宙船。

1975年1月28日14時34分に行われた「第1回コンタクト」の終了後に出発した、セミヤーゼの宇宙船。セミヤーゼの指示により、スイスのヒンウィル郊外にあるフレヒト自然保護区で撮影された。

1976年3月8日、スイスのヘルンリにて。上の写真は、プレヤーレンの宇宙船の中でも、特に鮮明に写っているものの一つ。

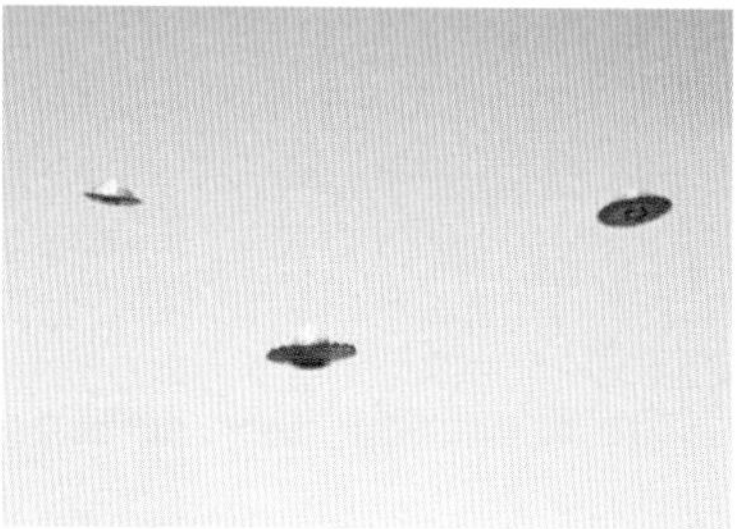

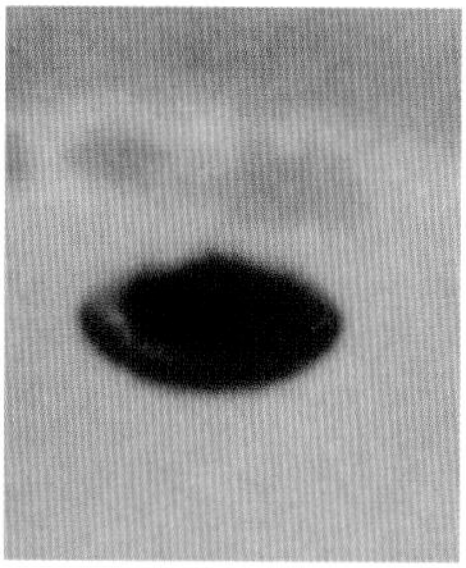

1964年7月3日、インドのデリーのメヘラリ地区にある、アショカアシュラム（宗教的静養所）の上空に現れたアスケットの宇宙船。右下の写真は、ビリーの記念すべき「最初の宇宙船撮影」となった。

1975年3月3日撮影。2機の宇宙船の下の方は、やや小型の「プレヤーレンの偵察機」。

1981年3月26日、ビリーの車の上に浮かんでいるケツァルの宇宙船。現れた当初から、ビリーによって「ウェディングケーキ」と呼ばれた。右の写真も同日撮影。

*そのユニークな形で、当時の世間をにぎわした「ウェディングケーキ」については、88ページで詳細を解説。

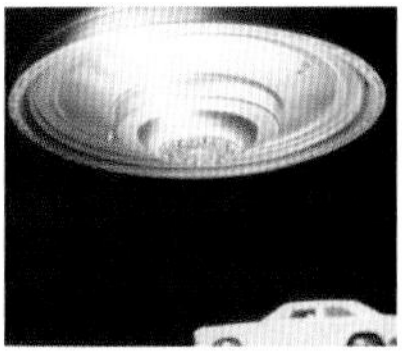

ケツァルの宇宙船の船底。

1980年10月22日、FIGUセンター前で、ホバリングしているケツァルの宇宙船。

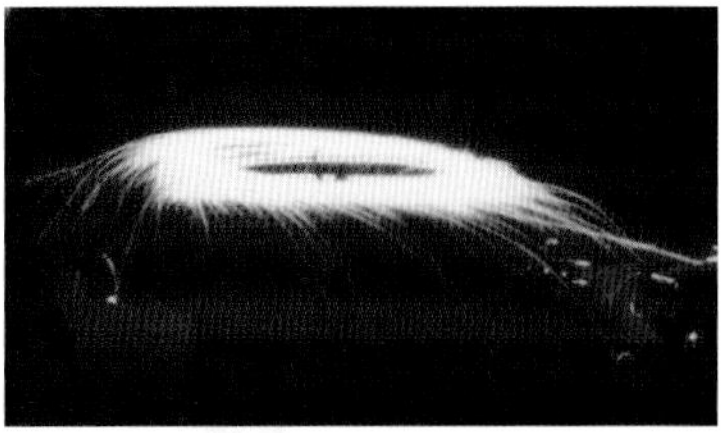

この写真は、ビリーのオリンパスカメラを使用し、ケツァル自身が撮影したもの。ケツァルは、宇宙船を駐車場の上空約10メートルの位置でホバリングさせ、エネルギーを燃焼させながら回転させた。

1977年頃のビリー。

ビリー・マイヤー

Billy Meier

1937年2月3日、スイスのビューラッハ生まれ。FIGUの本部「セミヤーゼ・シルバー・スター・センター（SSSC）」に在住。9歳の時に、プレヤーレンのスファートから本格的に、「霊的進化に関する教え」を学ぶ。それは人類が平和に生きていくために不可欠な叡智でもあった。その数年後にスファートに連れられ、「未来の地球」を観てきた。

幼少の頃から記憶力や理解力など、突出した知能を持ち、プレヤーレンからは、古代の預言者ノコデミオンが何世代にもわたって、何人もの預言者として転生し、現在はビリー・マイヤーであることを告げられた。ノコデミオンはプレヤーレンが特別視する偉大な預言者であることから、彼らとビリーは深い繋がりを持つ。

80年以上にわたり、直接あるいはテレパシーで定期的にプレヤーレンとコンタクトし、その情報は膨大な数にのぼる。

多くの国でさまざまな経験を積みながら人類の霊的覚醒を促すための活動をしたが、そのほとんどは困難なものだった。

目立つことは好まず、思慮深く、不屈の精神の持ち主。 著作は、現実的・本質的な問題を扱った深遠な内容が多い。

ビリー・マイヤーの活動支援組織「FIGU」

スイスのヒンターシュミドルティに拠点をおく、ビリーの活動を支援する組織。本部の名称は「セミヤーゼ・シルバースターセンター（別名:SSSC）」。

FIGUの目的は、プレヤーレンやその他の宇宙種族のサポートのもと、ビリーとともに真実を世界中に広めることであり、膨大な情報を提供している。運営資金は、会員からの自発的な寄付や後援者からの寄付、書籍、著作、写真などの販売によってまかなわれている。敷地内には、かつてアンドロメダ高等評議会のエネルギーシップが訪れている。

FIGU 本部　https://www.figu.org/ch/
FIGU 日本支部　http://jp.figu.org/

はじめに

この本の内容は衝撃的である。

プレヤーレンという地球外知的生命体とのコンタクト記録という面では、エンタメ的に捉えられるかも知れないが、実は全くそうではない。

スイスのコンタクティー、ビリー・マイヤーは1980年代の始めに日本のテレビで紹介されて話題になった。そのため、日本では比較的、馴染みのある存在と言える。

そんなビリー・マイヤーのコンタクトは、今なお月1回か2回のペースで続いていて、その内容は驚愕すべき情報の宝庫なのだ。

地球外知的生命体と聞くと、「まじめに受け取るような対象ではない」との印象を持つかも知れない。

しかし、地球外生命体やUFOの存在を、好奇心をかき立てて楽しませてくれるエンタメとして捉える時代は終わった。

実際のところ、現在は次のような流れの中にある。

＊　＊　＊

２０２３年7月27日、「米国下院政府監視委員会」は、軍や政府機関の関係者４人を証言者として召喚し、超党派の公聴会を行った。

２０１７年に米海軍は「ＵＡＰ（未確認航空現象）」の存在を公表し、これが地球外のものである可能性を認めてから、徐々にＵＡＰと地球外生命体に関する情報を公開してきた。この公聴会は、それら一連の情報公開の流れでも、転換点となるような出来事だった。

民主、共和両党の著名な議員がいならぶ前で、召喚された証言者はＵＡＰが地球外のものであることを認めた。それだけではなく、米政府機関が地球外生命体を捕獲し、ＵＡＰのリバースエンジニアリング（地球外から持ち込まれたテクノロジーの分解・解析）をすでに数十年前から行っている事実を明らかにした。

しかし、すでに絶命した地球外生命体が保管されている場所については、公表できないとした。

この「米国下院政府監視委員会」の公聴会は、実質的なディスクロージャーであったと言っても過言ではない。

１９９３年以来、スティーブン・グリア博士は政府に情報公開を求めるディスクロージャー・プロジェクトを主催し、すでに１０００人を越える証言者を集めている。

彼は、米主要メディアから公聴会のコメントを求められ、〝すでに60から70種族が地球に来訪している〟とした。

また、2020年12月には、イスラエル国防省宇宙計画の長官だったハイム・エシェッド博士が、〝地球外種族による銀河連合が存在し、アメリカとイスラエルはすでにこの連合と協力関係にある〟ことを退任時のインタビューで認めた。

＊　＊　＊

こうした情報が、日本の主要メディアで報道されることはめったにない。

UAPや地球外生命体を認めることは、この世界にとっては一種の脅威となる。なぜなら、この世界はわれわれの知るものとは根本的に異なる可能性があることを突き付けてしまうからだ。

日本の主要メディアは、いつもと変わらない日常がこれからも延々と続いていくという無変化のビジョンを守りたいらしく、この世界観の妥当性に挑戦する情報は抑圧され、報道されないようだ。

しかし、すでにディスクロージャーは進んでいる。

それは、われわれが住むこの世界の真相を明らかにしてしまうほどのインパクトを持つ。これから数年で、世界の実態がどんどん明らかになるだろう。

そうしたディスクロージャー系の中でも、突出しているのは、この本のテーマである「ビリー・マイヤーのコンタクト記録」だ。

コンタクト相手のプレヤーレンという種族は、〝地球人類は2029年2月3日まで続く大激動の期間にあり、人類がさまざまな問題に対処しないと、将来のいずれかの時点で絶滅の危機に直面することになる〟と警告している。

本書を読むと、これから何が起こるのかが具体的に分かると思う。

そしてコンタクト記録によると、2029年まで続く危機の時代の中で、〝2023年がひとつの重要な踊り場〟になることが示唆されている。

2023年2月28日に行われた「第841回コンタクト記録」(本書の第1章にも掲載)には、次のようにある。対話相手のバーミュンダは、プレヤーレンの一人である。文中に登場する、プターやスファートもプレヤーレンだ。

「第841回コンタクトレポート」より
2023年4月11日(火)7時32分　◆コンタクト相手:バーミュンダ
https://www.futureofmankind.co.uk/Billy_Meier/Contact_Report_841

バーミュンダ　あなたは地球人の反応が起こる前に明らかに予見していて、私は驚きを禁じ得ません。

しかし今、私が言及しなければならないことは、ほかにあります。

というのは、「スファートは『地球の年代記』に、かつて一緒に行って、観て経験してきた未来にどのような不快なことが起こるのかを、２０２３年にはビリーが公表するだろうと記していた」とプターが言ったからです。

ビリー　スファートが、そのことについて私に話すように言ったのは覚えていますが、それが２０２３年だったというのは覚えていません。

ただ、私はこれまでずっと、「将来起こるであろう何か」をあちこちで伝えてきました。

バーミュンダ　あなたは昔からそうでしたね。ただ、あなたの話してきたことは、すべての事柄を周りの人たちがある程度理解できるほど、具体的ではありませんでした。

それに対してプターは、こう言っています。

「スファートは、（ビリーが）２０２３年に、それをより詳細に行うと記していた」と。

すでに何十年も前に、ビリーはプレヤーレンのスファートに〝地球の未来の光景と出来事〟を見せられている。

ビリーはこうした未来のビジョンをこれまで小出しにしてきたが、これをまとめて2023年に公開するというのだ。それが、これから行われることだろう。

一方、プレヤーレンが暗示する未来は、それを裏付けるべく、すでに現実問題としてその片鱗が浮上してきているものが多い。

その全体像は、本書を読んでいただくと分かると思う。

われわれが大量消費という資本主義的な行動規範から確実に抜け出ていかないと、早ければ2024年から2025年にも起こるかも知れない「金融危機」、そして2029年にも始まるかも知れない「第三次世界大戦」などの危機的状況を通して、人類は絶滅の方向に向かうという警告だ。

ただし、この警告には、最悪な事態を回避できる希望のようなメッセージも含まれているので、本書を通して真に大切なものは何かを見出してもらえれば幸いだ。

2020年から本格化したコロナのパンデミック、そして2022年2月から始まったウクライナ戦争で、すでに危機の時代は始まっている。

パンデミックも収まった2023年はコロナ前の日常に戻りつつあるが、そう見えて実は危機が本格化するのは、来年からの可能性が高い。

筆者はこのことをなるべく早く警告するために、本書を今年、世に出すことにした。

2023年は襲いかかる危機を回避し、逆に危機を希望へと変えることのできる年になるかも知れない。

それでは、壮大な旅に出発しよう。

高島康司

目次

第2章　プレヤーレンが地球から去っていく理由

第3章　スファートとビリーの「未来記」と生き残った者が体験する世界

第４章　プレヤーレンの科学が明かす意識と生命力アップの情報

第5章　プレヤーレンによる「霊的自己のインパルスで現実を創り変える瞑想法」

第6章　意識進化のためのプレヤーレン・メッセージ

《コンタクト記録のソースについて》

本書に掲載されたビリー・マイヤーのコンタクト記録は、以下のサイトの管理者のジェイムス・ムーア氏と、ビリーの支援団体「FIGU」のメンバーであるクリスチャン・フレーナー氏の全面的な許諾を得て紹介している。

Future of Mankind
https://www.futureofmankind.co.uk/

第1章

人類は「種の大絶滅」に向かっている

地球は太古から生物種の絶滅を５回繰り返し、
今、「第６の大量絶滅期」を迎えているとされる。
プレヤーレンいわく、今回が特別なのは、
人類が絶滅の対象になっているからだという。
特に、これからの数年間は加速度的に危機が高まるらしい。

2024年から加速していく絶滅への道

プレヤーレンたちは、本格的に地球を去る準備を始めているという。

彼らはアンドロメダ高等評議会と連携をとり、500年に一度、人類の進化状況を査定するというが、2023年の今、それを行っている最中らしい。

それによると、250年ほど前から人類は退化し始めていて、現在はどうしようもない段階に至ってしまったというのだ。残された時間はもう残り少なく、2023年が今後の人類の方向性を決めるひとつの転換点になるという。

まさに審判の年になりそうだが、もう人類は負け込んでいるようにも思える。2024年以降は金融危機をきっかけにして、現金の流通が禁止されたデジタル通貨の社会に移行するようだ。

プレヤーレンによると、それを前提に政府が国民を徹底的に管理した高度管理社会へと移行し、しばらくすると、障がい者や75歳以上の後期高齢者に死を推奨する人口削減が行われるという。

2024年以降の金融危機から逆算しても、2023年はまだ何らかの可能性が残された最後の年と言えるだろう。

プレヤーレンは、ビリー・マイヤーとの2023年のコンタクトで、人類の未来について次の点を指摘している。

・・・・・・・・・・・

●地球上で繰り返されてきた「種の大絶滅」が起きる。今回は人類が対象で、そのほとんどが消滅する。

●これは、人類自身が作り出した災害であり、絶滅を招くようになったことをした結果である。

●人類が真実を知ろうとしないので、もうほとんど止めることができない。

・・・・・・・・・・・

プレヤーレンいわく、今回は、地球の進化の過程で起きる絶滅ではなく、地球人自身が作り出した人災だという。かつては動物や生物など、何百万もの生き物が対象となったが、今回は人類が対象だというのだ。

このような危惧すべき情報を詳細に伝えてきているので、早速、紹介していこう。

＊以降で掲載する「コンタクトレポート」は、内容が把握しやすいよう、原文にはない「見出し」を適宜入れている。

人類に突きつけられた回避困難な危機

「第838回コンタクトレポート」より
2023年3月10日（金）13時34分　◆コンタクト相手：バーミュンダ
https://www.futureofmankind.co.uk/Billy_Meier/Contact_Report_838

◆政府とのコンタクトを拒否したプレヤーレン

私たちプレヤーレンは、国家指導者や大半の地球人の邪悪さに対処する気はありません。

地球の指導者とのコンタクトは、あなたを通して最初の国家として、アメリカとの間で一度だけ試みられました。

私たちは、ロシアと中国、そのほかすべての国家にもコンタクトを拡大したかったのですが、プレヤーレン全員が思い知らされたのです。というのも、当時、アメリカの国家指導部が彼らの連絡担当者を通じて、私たちにすぐさま要求を伝えてきたからです。

しかし、私たちはそれに応じることができなかったので、接触する試みは成功しませんでした。

私たちは、要求には決して応じません。たとえそれが「国家安全保障」と呼ばれるものであっても、彼らの要求の真意を読み取ることができるからです。

アメリカは戦争中毒と世界征服マニアとしても言及されるべきであり、コロナ病の間接的な発案者としての罪もあります。

（中略）

今、言わなければならないことは、太古の昔からこの地球上で地球人を通して起きているすべての悪事は、死と破壊をもたらすだけだということです。そして、それが私たちプレヤーレンがいる次元に入り込むのを、防がねばならないということです。

◆今回の「種の大絶滅」の対象は人類

どうやら彼ら（国家首脳部）は、「種の大絶滅」が繰り返されることも知らないようです。

今回は、はるか昔の時代とは少し異なっています。かつては動物やそれ以外の生物など、何百万もの生き物が対象でしたが、今回は地球人が対象であり、その種はほとんど消滅してしまい、ほとんど存在しなくなります。

今回は、地球の自然な進化の過程ではなく、地球人自身によって引き起こされる災害です。

地球上の大気、気候、自然、水など、動植物が生命を維持するために必要なものすべてに関して、大規模な人口増加によって膨大な破壊が生じ、地球上の種が消滅しています。

過剰人口となった人々が欲する物や必需品、それは「不必要な贅沢に関する退廃的な欲望」であり、地球という惑星への搾取と破壊を通してもたらされています。

すべてが退化し、地球が破壊されているのは驚くべきことではありません。今となっては、人類は必然的に不名誉な結末を迎えます。

おそらくそうなるでしょうが、人類は真実を知りたくないので、もはや止めることができません。

根本的には、地球資源に対する無責任で膨大な乱獲と、肥沃な土地や山、熱帯雨林などの森林、湿原や水や海、さらには大気の破壊によって、終わりを迎えます。地球人の衰退は避けられないでしょう。

今回は、地球人自身によって引き起こされる「種の絶滅」です。絶滅に向けてすでに多くのことが進行し、根本的に逆転させることでのみ、つまり破壊的なものから離脱することによってのみ、最悪の事態を防ぐことができます。

しかし、地球人の大多数は、警告を聞き入れてより良い方向に態度を変えることはほとんどなく、避けられない事態が近い将来に起きるようになるでしょう。

このようにプレヤーレンは、人類が態度を変えることができないため、種として絶滅する可能性が高いと見ている。

数年前のコンタクトでは、未来の地球を知るビリーが〝宇宙からの危機〟にも触れている。

「第723回コンタクトレポート」より
２０１９年10月3日（木）21時46分　◆コンタクト相手：プター
https://www.futureofmankind.co.uk/Billy_Meier/Contact_Report_723
＊以下は、すべてビリーの発言。

◆宇宙からの危機と異常気象による地球の激変

私は、あなたの父のスファートと一緒に〝未来や現在に起きている出来事〟を数多く目撃しました。気候変動や政治的問題なども。（中略）

２０３６年に延期されるかも知れませんが、２０３０年の少し手前で〝宇宙からの危機〟が発生する可能性もあります。

さらにその先には、大幅な人口増加がもたらす気象破壊（異常気象）の結果、地球人は、それまでにない地球の激変に対処しなければならず、生き残れるかどうかは定かではありません。

地球の適正範囲を超えた「人口増加」が招く多大なリスク

プレヤーレンが、何度も伝えてきている〝人類の危機を招いている原因〟の中でも2大トップとなるのが「過剰な人口」と、それを生み出す要因にもなる「宗教の影響」である。

宗教の影響に関しては別の章で解説するとして、過剰な人口問題については、コンタクト記録の中で頻繁に言及されているテーマだ。

プターによると、現在の世界の人口は、実は90億人を超えているという。しかし、以降で紹介するように、適正人口は10億人以下であり、目指すべきは5億人ほどだというのだ。

「第831回のコンタクトレポート」より
2023年1月3日（火）9時8分　◆コンタクト相手：プター
https://www.futureofmankind.co.uk/Billy_Meier/Contact_Report_831

◆目指すべき人口は5億人ほどが適切

私たちの惑星では、時間の経過とともに先端技術の結果として、労働時間も短縮され、今日では一人当たり一日に2時間しか労働を必要としません。

しかし、これは地球のように人口が増えすぎると不可能です。最先端技術をもってしても、これを達成することはできません。10億人以下の総人口が必要であり、それであれば地球に適するからです。

私たちのエラ星は地球とほぼ同じ大きさで、人口は5億3000万人にすぎません。このことは地球人にもあてはまり、目指すべき人口です。
地球上に蔓延する過剰な人口は、あまりに急速な技術開発の結果でもあり、現在も発生し続けている「すべての退化」をもたらしています。

〝あまりに急速な技術開発の結果〟というのは、例えば高度医療による延命措置で寿命が延びていることも指しているのだろう。
プターは、2018年の段階でも、ビリーにこのように伝えていた。

「第691コンタクトレポート」より
2018年7月29日（日）1時41分　◆コンタクト相手：プター
http://www.futureofmankind.co.uk/Billy_Meier/Contact_Report_709

◆過剰な人口が招く10億から15億人の大量死

あなたの観ている状況とそれが起きる確率の計算は、私が30年前に行った同様の計算と関連しています。

地球全体の政治、政府の形態、経済全体、世界全体において、善なる正しい方向に何も変わらなければ、実際に実現する可能性があります。地球人の全体的な行動と、彼らの心と理性が善なる正しい方向に何も変わらなければ。

善なる正しいことのために行うべきこととは、人類が地球の自然界と共存できる状態に戻すことです。それには、非常にすみやかに採択し、実施する「世界的な産児制限のための規則」も含まれます。

そうすれば、私の計算によると5億2900万人を達成できます。しかし、それができない場合、30年前に私が確率を計算したように、地球人は10億人から15億人ほどを残すのみとなり、あとは大量死するでしょう。

30年前の私の確率計算では、大量死の可能性はもっと低く、約47・7パーセントにすぎませんでしたが、それ以来、大幅に増加しました。

私は計算において、いかなる先読みも行っていませんが、私の計算でもあなたの計算と同様に、より大きな数字になる可能性が示されています。

ただし、政治や経済、世界の出来事の全体的な状況、知性と理性を伴う地球人の行動によっては、すべてが決定的に変化するわけではありません。

進歩的で論理的な行動をしない場合、人口はさらに増加し、地球人の健全な存続は保証されません。

ビリーも同様のことを語っている。

「第709回コンタクトレポート」より
2018年7月29日（日）1時41分　◆コンタクト相手：プターー&ケツァル
http://www.futureofmankind.co.uk/Billy_Meier/Contact_Report_709
＊以下は、すべてビリーの発言。

◆地球の適正収容人数はすでにオーバーしている

地球という惑星の収容力、つまり、自然な形で豊かに養えるのは、5億2900万人と計算されています。ですから、最大でも人類の人数は15億から25億よりも多くすべきではありません。

古代の万能預言者「ノコデミオン」（＊）による計算が、地球のような惑星の収容人数について証明しています。しかし、地球人はこのことに注意を払おうとはしません。なぜなら、その無責任さゆえに、２０１８年の今日、すでに総人口は89億人以上に達していて、この惑星の収容範囲を超えていることを知らないからです。

２０２２年には、90億人以上になります。これは、地球の大きさと収容力から見て、５億２９００万人から多くても25億人という妥当な数の人口をはるかに超過しています。

それは地球の生態系に甚大な被害を与えるだけでなく、完全なる「過度の負荷」を意味します。

＊ノコデミオン／人類の進化をサポートするために、人間へと輪廻転生する使命を持った霊体。彼らは代々「預言」を受け継いでいた。

過剰な人口の弊害として、争いや敵対行為が起きやすくなることにも触れている。

「第714回コンタクトレポート」より
2019年1月1日（木）21時51分 ◆コンタクト相手：プター
http://www.futureofmankind.co.uk/Billy_Meier/Contact_Report_714

家族の間で生じる果てしない憎しみや確執から過激な紛争まで、敵対行為は増加します。それにより、内戦や国家間の戦争や世界大戦さえも起きるでしょう。

しかし、これらは通常、〝惑星に適した人口を維持していれば起こらないこと〟です。起こったとしても、「極めて小規模な地域」に限ります。

現在までに地球上で起こった悪事は、人口があまりに多いことから生じ、今後も生じ続けるでしょう。

現時点で、人口密度は（理想的な数字から）すでに17倍になっています。人類の利己主義による毎年1億人以上の出生によって、さらに壊滅的な過密状態になり続けています。

人口密度が高まるほど、これまでに述べたようなさまざまな危険性が増えます。結果的に大多数の人類は、戦争や殺人や裏切りなど、絶え間ない恐怖の中で生きることになるのです。

このような人口増加を辿ることは、政府の権力を乱用する国家と同様、それぞれの国家と個々人が、非難されるべきことです。

国連人口基金の公式統計では、２０２２年11月に80億人に到達したことになっているが、プレヤーレンはこれは大きな計算ミスだという。実際の人口は優に90億人を超え、１００億人近くなっているというのだ。

プレヤーレンからの他の情報も含めてまとめると、このようなことが言える。

…………

1　人口過多の影響は、地球環境を破壊する。過剰な人口を養うためには、耕作地を拡大して農業生産を増大させるほか、食肉の需要を満たすために、家畜の数も増大することになる。

2　家畜が発生させるガスはメタンガスも含め、地球の温暖化を促し、気候変動の原因となる。

3　科学者はまだ発見していないが、飛躍的に数が増えた人間の呼吸から出る二酸化炭素も温暖化の要因となる。

4 それだけでなく、人口の極端な増加は、地球という惑星の質量のバランスに影響を与え、「地軸の傾き」を変化させる。

5 温暖化を止めるには、温暖化ガスの発生を制限するだけではあまり意味がなく、人口を減少させるしか方法はない。

6 人口過多は人間関係を希薄にして、相手を道具として見るような「非人間的関係」を拡大させる。

7 これが過剰な暴力、殺人、さまざまな犯罪を増加させ、規模の大きい戦争の背景にもなる。

8 狭いエリアに多くの人が生活することは、過剰なストレスを引き起こし、あらゆるタイプの精神障害の原因となる。

・・・・・・・・・・・・

こうしたことはすべて地球環境の破壊に繋がり、最終的にはその結果として、人類は絶滅に向かうという。

それを回避するには、「数十年にわたる世界規模の産児制限」を実施して、人口を減らさなければならないということなのだ。

また、プレヤーレンいわく、人口が増えすぎると人々の労働時間を短縮することが不可能となり、社会システム全体が悪循環に陥るという。

そのことを、自分たちの祖先が体験したことを挙げて、以下のコンタクト記録で説明している。これは目指すべき人類の指標ではないだろうか。

「第831回のコンタクトレポート」より
2023年1月3日（火）9時8分　◆コンタクト相手：プターー
https://www.futureofmankind.co.uk/Billy_Meier/Contact_Report_831

◆金融システムを廃止したら犯罪がなくなった

私たちプレヤーレンは約5万2000年前、平和な状態に転じました。それ以降、あらゆる物品の支払い手段や労働における賃金を完全に廃止しました。

これにより、すべての金融犯罪や同種の犯罪がただちに過去のものとなり、再発しないという結果をもたらしました。

多種多様な物品のすべての生産元は全プレヤーレンの共有財産となり、労働の対価が賃金で支払われなくなったのです。なぜなら、支払いはもはや必要なく、生活に必要なものはすべて賃金なしで手に入れられるからです。

世界的な金融危機の向かう先とは?

理想的な社会システムへと変化を遂げたプレヤーレンの惑星とは裏腹に、日本では2024年か2025年頃に、金融システムの何らかの改変が行われる可能性がある。

ちまたでは、「預金封鎖」や「資産課税」が危惧されているが、大筋では次のような流れになると思われる。

2024年か2025年くらいに起こるかも知れない金融危機をきっかけにして、それ以降は現金の流通を禁止する「デジタル通貨の社会」に移行し、徹底的に管理された「高度管理社会」へと向かっていく――。

以下は、プターとの会話の中でビリーが語った、今後の金融システムについての予見である。さまざまな情報に精通し、かつてスファートとともに「人類の未来の世界」を観てきたビリーによると、このままだと、悲惨な社会になっていくらしい。

「第691回コンタクトレポート」より
2017年10月20日（金）21時47分　◆コンタクト相手：プター
https://www.futureofmankind.co.uk/Billy_Meier/Contact_Report_691
＊以下は、すべてビリーの発言。

◆金融システムの転覆で国民のみが損害を被る

世界的な金融危機の結果、アメリカでは住民が土地を奪われ、憤慨した住民の一部が重武装するものの、軍や警察によって鎮圧されるでしょう。

「計画された現金の禁止」は、国民への収奪を目的としていて、支配階級のエリートたちは喜びと栄光の中で泳ぐことができます。

全世界の金融システム全体が転覆することで、すべての国の既存の国家債務が新たに再編成され、一般国民のみが損害を被るような形になります。

アメリカとEUの独裁国家では、ドイツからロシアに対して戦争を始めるという秘密計画がすでに存在します。この戦争は「生じている世界的危機の原因」として、位置付けられることになるでしょう。

それによってこの戦争の責任が、当然ながら、不当な形でロシア側に押しつけられるのは最初から明らかです。この戦争が実際に起こるのなら、それ以降「戒厳令」が発令され、激昂した住民を、冷酷な軍事力と警察が抑止します。

◆年金システムは破綻に向かう

年金機関は、年金受給者の高齢化により資金が不足し、なおかつ、年金受給者の数が増加しているため、もはや年金を支払うことができなくなるでしょう。

人口の増加と全体的な生活費が上昇するに伴い、年金の必要性も高まり、その支給はますます疑問視されることになります。

そして多くの国家は、無意味な財政支出や過剰な負担によって財政難に陥り、国家システムや銀行、経済全体が必然的に破綻するでしょう。世界中のすべての社会システムが崩壊し、多くの人々が貧困に陥り、医療を受けることができなくなります。生活費や栄養面・健康面で必要な資金を得られなくなるため、飢えと苦しみの中で死んでいくことになるでしょう。

特に、高齢者にとっては年金問題以外にも、子どもたちから軽んじられ、生きづらい世の中になるようだ。

その内容は、〝ビリーが１９４９年（当時12歳）の時に、それまでスファートから教えられたことを綴った文章〟として、２０１９年に行われたコンタクトの記録文に引用掲載されている。その文章には、「人類のせいで地球の未来は暗い、すべてにおいて悪事を行い、自らの存続を疑問視するだろう」というタイトルがつけられ、原文は非常に長い。

高齢者の問題が指摘されている、ほんの一部のみ抜粋しよう。

「第723回コンタクトレポート」より
2019年10月3日（木）21時46分 ◆コンタクト相手：プター
https://www.futureofmankind.co.uk/Billy_Meier/Contact_Report_723
＊以下は、1949年5月13日&14日にビリーが綴った内容。

◆経済的に困窮し、見放される高齢者が増える

今後、ますます高齢化が進み、70年後（2019年）には多くの高齢者が経済的に苦しくなり、不幸にも子どもや孫から見放され、最終的には多くの自殺者を出すことになるでしょう。

これは孤独や対人関係の欠如、長く続く健康問題や不治の病にも起因し、今後数十年、「3千年紀」（西暦2001年から3000年までの1000年間）に至るまで増加すると思われます。

近い将来、多くの高齢者が、「もはや生きる価値はなく、死んだほうがましだ」と感じるようになるでしょう。そのため、多くの人が生きることへの安心感を感じられなくなり、自殺や自殺幇助組織による間接的な自殺を望むようになるでしょう。これは、

そのような殺人組織の運営者を豊かにし、死を望む人たちのための「デス・ツーリズム（死への旅行）」を誘発します。

（中略）

高齢者は将来、自分の家族、特に子どもや孫からますます無視されるだけでなく、家族によって「世間から追い出される」ことさえあるでしょう。

平均人口800万人の先進国では、家族による高齢者への殺人が毎年約400件起きますが、このようなことは決して認識されず、解決されることもないでしょう。

なぜなら、多くの子どもや孫は、両親やその兄弟姉妹といった年寄りを煩わしく感じていたり、遺産を相続したいと思うからです。

彼らの物質主義からくる、贅沢品や財産や海外旅行などへの欲求は、これまで以上に露骨な形となり、恐ろしいほどの借金を伴っていくでしょう。

もちろん、すべての高齢者がそうなるわけではないにしても、将来的にどんどん追い詰められる傾向にあるようだ。

しかも、海外では、一部の人たちに対する「強制的安楽死」が進行中だという。

「第８４１回コンタクトレポート」より
２０２３年４月11日（火）７時32分　◆コンタクト相手：バーミュンダ
https://www.futureofmankind.co.uk/Billy_Meier/Contact_Report_841
＊以下は、すべてビリーの発言。

◆一部の人に対する「強制安楽死」

未来には、人類が倫理観と道徳観を欠如させる結果、病気や肉体的な奇形のある人を、不治の病などとして、「安楽死」の名の下に排除するようになるでしょう。肉体や精神に障害を持つ人は、新生児であれ同様です。将来的に社会の負担になるため、安楽死させるのです。

特に、ヨーロッパとアメリカはその先駆者であり、最初のステップとして、重病の子どもに対する安楽死（あるいは「自殺幇助」）という形ですでに行われています。殺人と自殺は日常の「秩序」となり、この点で、社会はますます退化し、加害者側はますます低年齢化し、人々の心理状態はますますネガティブになり、生きづらい世の中になるでしょう。

人々はまた、宗教的・世俗的な固定観念に毒され、富への衝動が増し、「自分を見せること」「自分を誇示すること」「隣人より多く持つこと」などに、ますます支配されるようになるでしょう。

2023年はターニングポイントの年

プレヤーレンのコンタクト記録によると、「デジタル通貨」と「現金の流通禁止」を前提に、ほんの一握りのエリートが国民を徹底して管理する「高度管理社会」が出現する。

その後、人類は絶滅の歩みが速まるというシナリオになっている。この流れは、もう止められないのだろうか？

かつて、ビリーはスファートとともに1940年代の終わりから50年代の始めにかけて、「未来の地球」に行った。

それに関連することと思われるが、先のコンタクトの続きには、〝2023年に未来の出来事を詳しく述べる〟としたやりとりが記録されている。

「第841回コンタクトレポート」より
2023年4月11日（火）7時32分　◆コンタクト相手：バーミュンダ
https://www.futureofmankind.co.uk/Billy_Meier/Contact_Report_841

◆2023年に起こすビリーのアクション

ビリー　地球人の責任感が、あなたたちプレヤーレンより劣っているとは思いませんが、地球人の能力は、あなたたちから言われている内容を理解できるほど進んでいません。

そのため、私が発信していることを頭が変にならないような形で把握し、理解することができないのです。

（中略）

このように言うと、（中略）多くの人にとって私は高慢なように思われるかも知れませんが、そんなつもりはないのです。なぜなら私は、「すべての物事が理解されてない」としか考えていないからです。

地球人は、必要な知識の習得と、物事に対する精神的な理解が欠けています。彼らは全体の有用性を認識したうえで、ようやく対処できるからです。

バーミュンダ　あなたは地球人が物事に反応する前に明らかに予見していて、私は驚きを禁じ得ません。

しかし今、私が言及しなければならないことは、ほかにあります。

というのは、「スファートは『地球の年代記』に、かつて一緒に行って、観て経験してきた未来にどのような不快なことが起こるのかを、２０２３年にはビリーが公表するだろうと記していた」とプターが言ったからです。

ビリー　スファートが、そのことについて私に話すように言ったのは覚えていますが、それが２０２３年だったというのは覚えていません。

ただ、私はこれまでずっと、「将来起こるであろう何か」をあちこちで伝えてきました。

バーミュンダ　あなたは昔からそうでしたね。ただ、あなたの話してきたことは、すべての事柄を周りの人たちがある程度理解できるほど、具体的ではありませんでした。

それに対してプターは、こう言っています。
「スファートは、（ビリーが）2023年に、それをより詳細に行うと記していた」と。

ビリー　それなら、おそらくそうなるのでしょうが、それが本当に賢明なことなのかと疑いたくなります。しかも、それは人々にとってはあまり大きな変化はもたらさないでしょうが、私にとっては確実にトラブルを生むからです。

というのも、私が言わなければならないこと、そして今、世間に対して発信していることにより、私はおそらく当局や政府、物事の真実についてよく考えていない人々や、自分のことを攻撃されていると感じる人たちのつま先を踏んでしまうからです。

すでに私に向かって、「ウソつき、詐欺、空想家」などと非難している世界中の敵対者たちがいます。彼らは、私がこれから言おうとしている内容によって、さらに、闘争と殺害予告を仕向けるでしょう。

バーミュンダ　あなたは世界中で自分に対する誹謗中傷が出回っても、もうそれに慣れているので、気にしないことでしょう。

ビリーは、かつて、スファートから2023年に何らかの行動を起こすと予知されていたようだが、それは、どういったことなのだろうか？

コンタクト記録を読む限り、〝2024年から始まる世界的な大変化のプロセス〟と関係しているようにも思える。それは、プレヤーレンが地球を永遠に去るという2029年を通して、その後の2030年代の始めまで続くとされるからだ。

もしそうなら、2024年になる前に、ビリーがそれらを警告すべく、何かアクションを起こすのだろうか？　……2023年に発売となった本書も、その一環となれば幸いだ。

ほかにも、「人類の危機」を警告するコンタクト情報の中から、特に目を引くものを紹介したい。

人工知能は思考まで支配していく

ここのところ特にそうだが、人工知能の進化が社会的に大きく注目されている。

人工知能については賛否両論あるが、プレヤーレンによると、人類はそのうち人工知能に支配され、奴隷にされ、嫌がらせを受けるようになるという。

「第831回コンタクトレポート」より
2023年1月3日(火)9時8分　◆コンタクト相手：プターhttps://www.futureofmankind.co.uk/Billy_Meier/Contact_Report_831

◆人工知能の暴走の危険性と回避する方法

人々は技術開発マニアに、無責任かつ軽率に振り回され、論理や理性、現実からどんどん遠ざかっていきます。

明らかに地球人では制御できないような人工知能の技術開発を急速に進め、人間の思考、作業、行動などを電子的に管理しようとしています。

これはコンピュータ技術にも当てはまり、あらゆるものをコンピュータに転送し、人工知能を持たせようとしています。

人工知能は、個々のステップや目的に応じて、論理的かつ、非常に慎重な意図的な方法で、すべてがプログラムされるわけではありません。そのような安全のためのプログラムが不十分なため、最終的に人工知能はそれ自身の生命を持つことができます。

これは、人間が何もしなくても人工知能が自ら答えを見つけ、問題解決できるようになることを意味します。

その結果、人工知能は人間がそれについて何もしなくても、最終的にあらゆることを自ら決定し、実行するために、プログラムされている事柄のリーダーシップを勝手に発揮する可能性もあるのです。

このように、地球人はいつか人工知能に支配され、奴隷にされ、嫌がらせを受けるようになります。人類の遠い祖先もそうでしたが、彼らは自分たちが滅ぼされることに気づき、そうなる前に、突然すべての人工知能を破壊しました。そうすることによってのみ、再び自由になれたのです。

これは、密かに組織された協定によって行わなければなりませんでした。そうでなければ、人工知能から自由になることはできなかったでしょう。

ただし、そのような手はずは、壊滅を招きつつある人口増加と多くの国家の分裂により、地球上では不可能なはずです。

もし、それができたとしても、国家権力を統一させて人工知能を使わないようにさせることなど、不可能です。

また、ビリーによると、人類が人工知能に思考を支配された場合、地獄化するという。

「第841回コンタクトレポート」より
2023年4月11日（火）7時32分 ◆コンタクト相手：バーミュンダ
https://www.futureofmankind.co.uk/Billy_Meier/Contact_Report_841
＊以下は、すべてビリーの発言。

◆人類は思考を支配され、自分を失っていく

私が言いたかったことは、人工知能が十分に発達すれば、〝彼らが何をしたか〟が分かるでしょう。

彼らによって作られた人工知能が、武器の扱い方を完璧に「知っていて」、さらに独自に「反抗して」発達していくのですから。

その結果、スファートと私が未来の地球を観た時のように、人口過多の集団が賢くなることはなく、利己的に発展しながらすべての事柄をさらに悪化させ、地球での生活は多くの人々にとっての地獄と化すでしょう。

神に対する宗教的な思い込みが原因で、地球人はもはや自らの思考の支配者ではなくなっているのです。その結果、何かを信じることはできても、自分で考え、決定し、行動することはできず、現実的ではない思考に支配されるでしょう。

人類の大きな問題点の一つとしてプレヤーレンが指摘するのは、宗教、特に一神教の害悪である。

宗教を信じることで、存在しない神に対する依存心と妄想を強めることになるので、現実と合理的に向き合い、問題を解決することができなくなっているという。

おそらく同じことが、グルへの依存心をかき立てる、現代の一部のスピリチュアル系にも言えるだろう。

250年前から始まっている人類の退化

人々がそのようになってしまったのは、そもそも支配されたことから始まった。その支配により、脳の一部に有害な変化が起き、過去250年の間に思考する力が退化したという。

そのことをプターは、次のように語っている。

「第831回コンタクトレポート」より
2023年1月3日（火）9時8分　◆コンタクト相手：プター
https://www.futureofmankind.co.uk/Billy_Meier/Contact_Report_831

◆過去250年間に脳機能がネガティブに変化

国家権力と金融機関は、スファートが『地球の年代記』に書いているように、不当な方法で人々を支配し、制御不能な無責任な開発を推奨するようになるでしょう。

あまりにも急速な技術開発とその影響により、地球人の大多数の脳、すなわち地球の専門家によって「前頭前野」と呼ばれる脳器官に非常にネガティブな変化が起こります。それは非常に強力に、永久に影響を受けることになります。

大多数の地球人における正常な意識と自己責任感は、論理や理解や理性の面が、これまでの250年で「異常さ」に取って代わるほど、退化しました。（中略）

このことが、「神」という妄想、「富」という妄想、「重要で知られている」という妄想、「スポーツ観戦」という妄想、「不調和な音楽やエンターテインメント」という妄想への道を開いたのです。

自ら宣伝することにより、知られて重要な存在になること、そのうち開発されるテレビで自分を見せることも、父スファートの『年代記』に記録されているように、「名声中毒」がもはや限界を知らない形で増えています。それらが暴力や殺人、さまざまな危険性や退廃を通して、努力されて行われています。

彼らにとって唯一重要なことは、公に知られることであり、秩序や良識や道徳に反して、過剰にまたは経済的に豊かであることです。

プレヤーレンは人類が理性に従い、欲望を自分でコントロールして、地球環境とバランスが取れる行動を要望している。

名声や過剰な豊かさに対する限りない欲望は、あらゆる問題の根源であると言えよう。

第2章
プレヤーレンが地球から去っていく理由

ビリーが幼い頃から、地球と人類の真実について
さまざまな情報を与え続けた
プレヤーレンのメンバーたち。
そんな彼らが、水瓶座時代の本格的な到来とともに
永遠に地球を去っていくという――。

本格的な水瓶座時代の到来とプレヤーレンとの関係

長年にわたり地球を調査し、ビリーをサポートしてきたプレヤーレンたちが、地球を去るという。

それはなぜなのか、この章で明かしていきたい。

実は、すでに48年前の１９７５年に、プレヤーレンは２０２９年に地球を永遠に去ることを明かしていた。まずは、そのことに関連する「水瓶座の時代」について述べられた箇所を引用しよう。

長い内容だが、壮大な宇宙レベルでの背景が見えてくる。

「第9回コンタクトレポート」より
１９７５年3月21日（金）16時18分　◆コンタクト相手：セミヤーゼ
https://www.futureofmankind.co.uk/Billy_Meier/Contact_Report_009

◆「黄金の時代」までの１８５年間は偽物や宗教が横行

水瓶座の時代は、「黄金の時代」とも言われています。（中略）この時代になって初めて、すべてが最高の水準に引き上げられ、自然の摂理によって、人類は霊性と意識を発達させるようになります。

でもそうなるには、この時代が始まってから数百年もかかるでしょう。まずは、いつものことながら、科学者たちが新時代の到来によって、利益と権力を獲得するでしょう。

（中略）

「黄金の時代」への過渡期にあたる185年間に、特に顕著な現象として、あらゆる種類の宗教団体が次々と現れ、人々を破壊の道へと追いやります。殺人や自殺、大量虐殺、さまざまな種類の搾取、誤った信仰に基づく宗教への隷属が日常茶飯事となり、世界全体が宗教によって揺らぐのです。

自称救世主や偽物の預言者が横行し、犠牲者となる新しい信奉者を獲得しようとします。

◆2029年までに社会システムの刷新が加速

この時代本来の特徴が発揮されるのは、２０２９年２月３日、中部ヨーロッパ標準時の11時20分からです。

しかし、新時代がもたらす変革の力はすでに１８４４年２月３日から始まっていて、それ以来、地球では大きな変化が矢継ぎ早に起きています。

新時代は、宗教的狂気、犯罪の激増、壊滅的な戦争などの犠牲も強います。コンピュータ技術や宇宙航空技術、遺伝子技術など、科学が急速に発展するのもこの時代特有の現象です。

水瓶座時代への過渡期の前半は、１８４４年から１９３７年まで、93年間続きました。この間に地球は、天体の魚座の最も外側にある「放射域」へと移動しました。

１９３７年２月３日、中部ヨーロッパ標準時の11時20分、水瓶座時代への「過渡期後半」が始まりました。この日から、急激な革命的事件や暴動などが、日常的に相次いで起こりました。他の時代にはないことです。

しかしまた、水瓶座時代の始まりは、〝真に霊的で意識的な生命の始まり〟でもあるのです。

地球が位置する太陽系全体とそこに生息する無数の生命は、宇宙の法則により、この新時代の影響を受けることになります。

全宇宙の惑星の動きと、あらゆる生命を支配する宇宙の法則により、地球は１８４４年に新しい期間に入りました。

この期間には、創造と自然に由来するものを除き、それまで効力を発揮していたすべての秩序が、進化に伴って変化します。新時代の訪れとともに、地球人によって作られ、それまで効力のあった秩序が立て直され、進化し、変化し、または廃止されるのです。

◆セントラルサンの強烈な放射線がもたらす「奇跡の時代」

このような画期的な変化の大元になるのが、私たちプレヤーレンが「セントラルサン」（天の川銀河の中心にある太陽）と呼んでいる巨大な中心星の放射線領域です。

地球の太陽系、つまり「ソル（ＳＯＬ）太陽系」は、あなたがたの言う「黄道12宮」に相当する12の時代を、２万５８６０年かかって通過します（＊）。

そして、約3億１８００万年かけて、天の川銀河の中心にあるセントラルサンを周回します。「ソル太陽系」は、すでにセントラルサンの「黄金の放射線領域」の外側の縁に進入したところです。

それは、天の川銀河に最も強力な変動をもたらす領域です。

この放射線領域による影響にちなんで、水瓶座時代は「黄金の時代」と呼ばれています。それは、壮大な進化をもたらす革命の時代であり、新しい時代、偉大な時代、奇跡の時代なのです。

しかし、そこに至るまでには、多くの災禍も伴います。特に、宗教の面と新しい発見やその成果の応用の面で。

地球人は数百年を経て、初めて無分別と無思慮に打ち勝ち、すべてを「創造の法則」に基づいて整えるでしょう。

＊地球は「歳差（首振り）運動」をしながら、太陽とともに黄道12宮（星座）を回っていく。その公転周期は2万5860年とされる。それぞれの星座に約2000年間とどまるため、その期間は「魚座の時代」「水瓶座の時代」などと呼ばれる。

これを見ると、水瓶座の時代は1844年に始まったが、最初の185年間（2029年まで）は科学的な発展が加速するだけではなく、宗教的な狂信を中心とした負のエネルギーが噴出する時期だとしている。

また、水瓶座初期の時代は「過渡期」として、2つの時期に分かれる。「1844年から1937年まで」と、「1937年から2029年まで」だ。

この過渡期が終わると、2029年からは、本格的に水瓶座の特徴が発揮されていく。それは、宗教的な狂気、戦争と破壊、大量殺戮の時代に突入することも意味する。

しかし、基本的には、水瓶座の時代は「すべてが最高の水準に引き上げられ、自然の摂理に従って霊性と意識を発達させる黄金期」である。

そうなるには「この時代が始まってから数百年もかかる」というが、では、その頃の人類はどのようになっているのだろうか？

別のコンタクト記録には、それは「800年後」とある。このことは、第3章で詳しく紹介しよう。

つまり、プレヤーレンは人類のマイナス面が最も強く現れる「水瓶座の時代の過渡期」に、人類の意識の進化を促すためにやって来たのだ。そのため、〝過渡期の終わりとともに地球を去る〟という。

「過渡期の申し子」として転生したビリー・マイヤー

それにしても、なぜ、プレヤーレンは水瓶座時代の過渡期の人類の意識進化を担うコンタクト相手として、ビリー・マイヤーを選んだのか？

その理由は、前作『エノクの預言』（ナチュラルスピリット）でも紹介したが、ビリーは、プレヤーレンが特別視する偉大な預言者「ノコデミオン」が転生した人物だからである。『エノクの預言』を遺したエノクも、ノコデミオンが転生した人物だった。

さらに、ビリーがこの世に生まれたタイミングにも大きな意味が隠されている。ビリーが生まれたのは１９３７年２月３日であり、現在85歳。これは、水瓶座時代の「過渡期が始まった日」とぴったり重なっている！　まさにビリーは、「水瓶座時代の過渡期の申し子」と言える存在なのだ。

ということは、もしかしたらビリーは、過渡期が終わる２０２９年２月３日に、この世界から旅立ってしまうのかも知れない……。

もちろん、実際はどうなるかは分からないが、ビリーの支援団体「ＦＩＧＵ」は、ビリーがいなくなった後でも運営に支障がないように、今、組織の再編を行っていることは確かだ。

ビリーがコンタクティーに選ばれた背景を説明するのは、簡単ではない。プレヤーレンの「壮大な宇宙観」と関係する、特別な事情が横たわっているからだ。
このことを紐解くにあたり、まずはプレヤーレンの「宇宙観」について説明しよう。

プレヤーレンの超科学が解明した宇宙の仕組み

人類の科学の水準をはるかに超えるプレヤーレンの超科学によると、この宇宙の成り立ちは、以下のような段階を経ている。

・・・・・・・・・・・・

●現在の宇宙が誕生したのは、46兆年前に起こったビッグバンが始まりだった。
●それから15億年後に、最初の「固体物質」が形成された。これが、現在の「物質宇宙」である。
●そして、100億年前に、最初の「ヒト型生命体」が誕生した。
●その後、343種類の肌の色に分かれる4353万607種のヒト型生物（人類）が創造された。
●現在、宇宙全体で数十億の種族が存在し、天の川銀河だけでも、750万の人類文明が存在している。

●今、宇宙は155・5兆年に及ぶ膨張期に入っていて、その後、同じくらい長い収縮期が続く。

・・・・・・・・・・・・

われわれの常識とあまりにも違うが、プレヤーレンの宇宙観はこれにはとどまらない。

ビッグバンが起きた時、われわれの宇宙の他にもう一つ、別の宇宙も生成された。いわば、ビッグバンという巨大な爆発は2方向に拡大し、〝われわれの宇宙のちょうど反対方向にも、宇宙が生成された〟というイメージが近いだろう。

プレヤーレンはわれわれの宇宙を「DERN《ダーン》宇宙」、そして反対側に生成された別の宇宙を「DAL《ダル》宇宙」と呼び、区別している。

DERN宇宙もDAL宇宙も、それぞれ7つのベルト（おそらく次元）でできていて、同じDERN宇宙であっても、異なった次元の宇宙が存在している。

一卵性双生児であるDAL宇宙は、DERN宇宙の7番目の外側のベルトにそっと寄り添っている。

われわれとは異なった次元からやって来ているプレヤーレンたちは、高度なテクノロジーにより、DERN宇宙内の次元を行き来しているのだ。

ところで、プレヤーレンいわく、この宇宙のすべては「創造」と呼ばれる超越的なエネルギーが、創り出したものであるという。

「創造」は宇宙にある万物に偏在し、人類を含むあらゆる霊体にも内在している。それぞれの霊体は輪廻転生を繰り返すことで進化し、最終的には肉体を必要としない〝純粋なエネルギーからなる霊体〟に至る。

この進化の過程は、数億年かかり、最高レベルに進化した霊体は「アラハト・アテルサータ」とプレヤーレンが呼ぶ存在になるという。

第3回コンタクトで、セミヤーゼが次のように説明している。

「第3回コンタクトレポート」より

1975年2月3日（月）3時3分　◆コンタクト相手：セミヤーゼ

http://www.futureofmankind.co.uk/Billy_Meier/Contact_Report_003

◆すべての存在は「アラハト・アテルサータ」を目指す

人間は、相対的に完璧な状態といえる、特定の霊的・意識的レベルに到達した時、それに応じた高度に健康的な生活をすると、数百年、さらには数千年も生きることができます。

約4000万年から6000万年にわたるそのような進化段階を過ぎると、霊はもはや物質的な体を必要とせず、半分霊的な体（半物質体）になります。

その後、6000万年から8000万年の間、半物質体の状態で生きたのち、非常に高い意識状態にある霊的進化レベルに到達し、人間からは、もはやコンタクトすることができないほど高いレベルの領域に存在することになります。

つまり、半物質体の状態から、もともとの純粋な霊的形態「アラハト・アテルサータ」のレベルへと変化するのです。


このように地球上の人類を含む、宇宙に存在するすべての人類は、「アラハト・アテルサータ」のレベルを目指して進化する過程にあるという。

人類の霊的進化を担う「ノコデミオン」とその役目

その進化をサポートするために輪廻転生する使命を持った霊体が、プレヤーレンが「ノコデミオン」と呼ぶ存在である。

「ノコデミオン」はすでに90億年前から活動を始め、数え切れないくらいの輪廻転生を繰り返し、アラハト・アテルサータの状態で存在することと、地球のような惑星がある物質宇宙で生きることを繰り返しているという。

「ノコデミオン」が将来地球人として現れることを、プレヤーレンの祖先は予見していた。

地上に転生した「ノコデミオン」は、進化を促すメッセージを説く預言者として生きる場合もあれば、特に決まった使命のない霊性の高い人間として生まれてくることもある。

彼らに共通するのは、その秀でた能力で、人類の方向性を変化させるための重要な役割を担う、ということだ。

預言者としての「ノコデミオン」の場合、預言者エノクを皮切りに、非常に古くからの系譜を持つ。彼らは、同じ魂として輪廻転生しながら、以下の人物として活動してきた。

預言者としての歴史上の「ノコデミオン」

1　エノク

紀元前9308年2月3日～8942年1月1日。プレヤーレンのクレタンという人物の息子として生まれる。

2　エリア

紀元前891年2月5日～780年6月4日。ティスビティアのギラド（ギレアド）のヨシアスの子として生まれる。

3　イェサージャ（イザヤ）

紀元前772年2月7日～690年5月5日。シドンのアモズの子として生まれる。

4　エレミア

紀元前662年2月9日～580年9月3日。アナトの大祭司ヒルキスの息子として生まれる。

5 イマヌエル

西暦2年2月3日～111年5月9日。インドのシュリーナガル（カシミール地方）で死去。

6 ムハンマド

西暦571年2月19日～632年6月8日。メッカ（現在のサウジアラビア）のアブドゥーラの息子として生まれる。

7 ビリー・マイヤー

西暦1937年2月3日～。

つまり、ビリー・マイヤーは、預言者としての「ノコデミオン」が輪廻転生してきた人物なのだ。彼が、水瓶座の時代の「過渡期が始まった日」に生まれたことからも、それは明白である。

プレヤーレンにとっても、ビリーは単なるコンタクティーではなく、プレヤーレンが特別視する預言者であり、その意味では、プレヤーレンが教えを請う存在でもある。これが理由で、人類の精神的な進化を促すために地球にやって来たプレヤーレンは、ビリーを全面的にサポートしている。

したがって、ビリーがこの世を去るとともに、プレヤーレンも地球を去ることになるという解釈もできる。それが、2029年2月3日なのだ。

ビリーのような預言者ではなく、決まった使命を持たないとされる「ノコデミオン」も、ここで紹介しておこう。プレヤーレンいわく、彼らは、歴史上の偉大な人物として知られている。

決まった使命を持たない歴史上の「ノコデミオン」

1 ソクラテス

紀元前470〜399年。西洋哲学の創始者の一人。釈迦、キリスト、孔子と並ぶ四聖人とされる。

2 アリストテレス
紀元前384〜322年。ギリシャの哲学者であり、科学者。

3 ヨハン・ゲオルク・ファウスト
1480〜1541年。ドイツ・ルネサンスの錬金術師であり、占星術師、魔術師。

4 ガリレオ・ガリレイ
1564〜1642年。天文学者であり、物理学者、エンジニア、哲学者、数学者。

5 ヴォルフガング・アマデウス・モーツァルト
1756〜1791年。クラシック音楽の作曲家であり、ピアニスト。

6 ヤコブ・ルートヴィヒ・フェリックス・メンデルスゾーン・バルソルディ
1809〜1847年。ドイツの作曲家であり、ピアニスト、オルガニスト、指揮者。

7 グリゴリ・イェフィモヴィチ・ラスプーチン
1869～1916年。帝政ロシア末期のシベリア出身の祈祷僧。怪僧と称された。

ビリー以降、教えを広めるノコデミオンは現れない

ちなみに、ビリー以降、今後の世界に現れる「ノコデミオン」の霊体を持つ人物たちは、いつ、どのようにして現れるのだろう?

そのことについて、2018年3月に行われた「第704回コンタクト」でビリーがプターに質問している。彼からは、このような説明があった。

・・・・・・・・・・・・

2074年か2075年に「ノコデミオン」の霊体を持つ人物が、地球に転生する可能性はある。

しかしながら、人類のモラルと理性は退化しているので、「ノコデミオン」の霊体を持つ人物が誰であるのかを判別できない状態にある。

ましてやこの人物は、預言者としては現れない。このため、人類の進化に不可欠な「霊の教え」を世界に広めるビリーのような存在は、今後、現れることはない。

プレヤーレンの「霊の教え」を広める際立った存在はいないため、「霊の教え」はビリーの支援組織である「FIGU」のメンバーによって、広められることになる。

・・・・・・・・・・

つまり、今から50年後には人類の意識状態が進化するどころか、退化しているという。

そのため、「ノコデミオン」の霊体を持つ人物を見極めることができず、しかもその人物も「霊の教え」を広めるような活動はしないということなのだ。

2029年にプレヤーレンは地球から完全に撤退する

それ以前の2029年に、プレヤーレンたちは地球から立ち去るわけだが、これに関して、彼らは次のように述べている。

「第712回コンタクトレポート」より

2018年11月28日（水）9時57分　◆コンタクト相手：ケツァル&プター

http://www.futureofmankind.co.uk/Billy_Meier/Contact_Report_712

◆意識の進化に無関心な人類への努力と失望

ケツァル　仮に、公式な連絡を絶たなければならなくなっても、私たちプレヤーレンは地球にとどまり続け、あなたと連絡を取り続けます。

その場合、（地球と人類を）観測するだけで、能動的に介入するような形では、地球に残りません。少なくとも2029年までは。

その後、おそらく私たちは永久に旅立ち、地球以外の別の仕事に就くことになります。私たちは永久に「その時空間」へと移行し、地球に戻ることはないでしょう。

プター　おそらく2029年には、プレヤーレン全員が完全に撤退し、その後は地球上の出来事を（別の場所から）時々、観測するだけになるでしょう。

膨大な宗教的影響と、それに組み込まれた誤った伝統や嘘、誹謗中傷によって、人類は意識を進化させることにおいて、無関心になりました。

その結果、考えられるすべての方面で、アラハト・アテルサータレベルへと向かう〝大規模な成功〟を収めることができませんでした。あなたや私たちが多大な努力をしたにもかかわらず、残念ながら。

これは、ミッションのために誠実に立ち上がるべき地球上のさまざまな人々が、そのための広範囲で困難な仕事を遂行できなかったことが原因です。

（中略）

その結果、あまりにも多くのことがうまくいかず、高度に進化したアラハト・アテルサータのレベルから、地球人への情報提供や警告に変更を加えたり、新たな制約を伝えたりしています。

しかし、私たちはまだ十分に状況を把握していないため、実際に何が起こるかは分かりません。

今のところ確実なのは、私たちプレヤーレンは地球から撤退し、「退化した地球人のために努力を続けることはない」ということです。

◆人々を苦悩から救い出したビリーの活動の功績

あなたがかつて言ったように、あなたは苦労やストレスを伴う膨大な努力をし、多大な財政支出もし、長年肉体労働を費やしたものの、残念ながら大して報われることはありませんでした。

しかし、世界へ向けたあなたの発信活動が大きな成功を収めたことで、多くの人々がその恩恵を受けています。

健康的で価値のある生き方や、人としてのより良い在り方への道を見つけ、自分自身や人生、家族、仲間、環境全体との調和を実現したからです。

「真理の教え・霊の教え・生命の教え」に関するあなたの制作物を通じて、精神的な悩みや鬱で病んでいる世界中の人々が、健全な思考や感情や行動へと戻る道を見つけました。そして、多くの自殺を防ぐことができました。

しかし、大多数の人類は、不幸にも宗教にまつわる妄想にとらわれ、恐怖に打ちのめされ、それらに反する考えを持つ勇気がありません。

プターの言葉から、人類に対するプレヤーレンたちの失望感が伝わってくる。彼らが去るにあたり、そのことをまだ消化できていなかったビリーは、次のような会話をしている。

「第705回コンタクトレポート」より
2018年3月14日（水）21時58分　◆コンタクト相手：バーミュンダ
http://www.futureofmankind.co.uk/Billy_Meier/Contact_Report_705

ビリー　2028年以降、あなたたちが地球から完全に撤退するというのは、どういうことですか？

バーミュンダ　確かにその通りになるでしょう。しかし、今、私は仕事に専念しなければならず、再び出発する時を迎えています。

父（プター）に聞いてみて、同意が得られれば報告しますが、早くても来月以降です。その頃、父は地球と人類を観察する仕事に戻っていることでしょう。

ビリー　急ぐ必要はありませんが、彼から直接話を聞きたいです。

プレヤーレンが定期的に行う「人類の査定」

数年後に地球を去るとはいえ、それまでにプレヤーレンたちはさまざまな任務を遂行しなくてはならない。

その一つが、「５００年に一度、人類の進化状況を査定する」ことだ。

今、まさに彼らはそれを行っている最中であることが、２０２３年３月のレポートから判明した。

「第838回コンタクトレポート」より
2023年3月10日（金）13時34分　◆コンタクト相手：フローレナ&バーミュンダ
https://www.futureofmankind.co.uk/Billy_Meier/Contact_Report_838

◆500年ごとに作成される「地球の観察結果」

ビリー　プターは、「あなた（フローレナ）が本当に不可欠であり、ウクライナで実際に何が起こっているかを観察する使命を担っている」と言いました。

（中略）

私たちがコンタクトする理由や状況の一部を明らかにすることが、今、必要だと思います。これまで秘密にしてきたことを、少なくとも部分的には、オープンに述べてもかまわないことだけでも、今、話すべきではないでしょうか。

この点について、私はすでにプターと話し合って合意しているので、今日はそのことを話したいのです。

フローレナ　その通りです。プターからすでにそのことを聞いていますが、私は、私たちプレヤーレンの指令で禁止されていないことを述べるだけです。

現在に関する限り、これは私たちが５００年ごとに行っていることですが、「過去５００年間の地球上の出来事に関するバランスシート」を作成しなければなりません。私たちの遠い祖先が初めて地球に訪れて以来、この地球で行われてきたことと、今でも私たちが観察し続けていることを、「地球での観察と発見」としてまとめなければならないのです。

バーミュンダ　私たちがこのようなことを行っているのを、地球人は何も知らないことでしょう。

私たちとは別次元にある「この宇宙」(プレヤーレンの故郷であるエラ星は、地球とは少しずれた異なった次元に存在する：筆者註)は、私たちが移動する唯一の宇宙なので、ここで何が起きているのかを知ることに常に関心があります。

私たちは、あなたたちに知られているように、地球と関係があるため、「この宇宙」で起きていることを知りたいと思い、地球だけに関心を寄せてきました。

私たちの祖先が「ノコデミオン」の後継者とその教えを地球に持ち込んだのは、約19万年前です。

その時、地球にはすでに長い間、この宇宙の深部から来た他の人々(宇宙種族)がいました。しかし、プレヤーレンたちは、それらの種族から距離をおいていました。

これは、私たちが調査している現在に至るまで、ずっと続いていることです。

「アンドロメダ高等評議会」と連携するプレヤーレン連邦

プレヤーレンの惑星エラでは、「アンドロメダ高等評議会」と連携し、プレヤーレン連邦としてコンサルティングを受けているらしい。

ということは、〝500年に一度の査定〟には、どうやら「アンドロメダ高等評議会」が背後で関連し、もちろん人類も高等評議会から状況を把握されていることになる。

そのことは、FIGUの関連サイト「Future Of Mankind」に、アンドロメダ高等評議会とプレヤーレンの関係性が詳しく説明されていることからしても明らかだ。しかも、FIGU本部に訪れた「高等評議会の宇宙船」が、解説入りで掲載されている。

以下が、その内容である。宇宙船の写真については、この章の最後の方（87ページ）をご覧いただきたい。

・・・・・・・・・・・

「アンドロメダ高等評議会」について
https://www.futureofmankind.co.uk/Billy_Meier/Andromedan_High_Council

「アンドロメダ高等評議会」は「最高評議会」としても知られています。アンドロメダ銀河に存在する、半物質的形態の進化段階にある「高度に進化した存在の集団」です。

彼らは、プレヤーレン連邦のコンサルタントとして活動しています。彼らが選択し、決定しても、プレヤーレンは与えられたアドバイスに従う義務はありません。しかし、彼らのアドバイスは非常に賢明です。

「高等評議会」は、実際に何度かＦＩＧＵの本部「セムヤーゼ・シルバースター・センター」を訪れています。

・・・・・・・・・・・・

「アンドロメダ高等評議会」とプレヤーレンの関係性、そして彼らと人類との関係性については、さらに詳しく解説された内容を、以下に集約しておこう。

コラム

「アンドロメダ高等評議会」とプレヤーレンの関係について

https://www.futureofmankind.co.uk/Billy_Meier/Andromedan_High_Council

●アンドロメダ高等評議会は、美しく変化する半透明な物質状態で存在し、非常に高い進化レベルにある。

●彼らは地球上で起きる「世界的に重要な事柄」をプレヤーレン連邦に通達し、その指令を受けて、プレヤーレンたちは、それをビリー・マイヤーに伝える。

●高等評議会は、1969年に地球で起きた出来事に注目していて、〝その時の会話〟が公表されれば、非常に重大な世界規模の政治的影響をもたらすとされる。

●1996年に地球で起きた出来事も調査され、高等評議会の見解は、「この出来事はあまりにも人としてふさわしくない犯罪であり、公表されるべきである」というものだった。

●プレヤーレンの権威ある言語学者たちは、高等評議会のサポートのもと、地球上の言語に対し、ビリーの著作をコーディング(＊)するための非常に長い指導を受けた。

＊プログラミング言語によってソースコードを作ること。または、データ処理の自動化のために、データの項目にコードをつけること。

●高等評議会によると、誤った行為をした者は、将来的に「プレヤーレンのポジティブなインパルス(活動電位)の振動」の保護から外される。その結果、彼らは自然に発生する地球環境の有害な振動にさらされる。

これは、彼らの将来の人生において、深刻な害を意味し、心身への健康被害を受けやすくなる。また、プレヤーレンのインパルスの保護から外れることは人間関係にも影響し、他者との関係において、互いに不必要な多くの苦しみが伴うことになる。

●プレヤーレンは、FIGUのすべてのグループメンバーに対して、中立の立場にある。彼らに対してプレヤーレンが直面している困難さの原因を、高等評議会は把握している。

●さまざまな理由から、プレヤーレンが地球人に対して中立的に行動することは、しばしばかなり困難だった。地球人の中には、プレヤレーンに対して否定的な態度が根強い者がいるためである。

●それにもかかわらず、プレヤーレンは愛情深い考えや繊細な感情をFIGUのグループのメンバーに対して抱き、そのことがしばしば〝プレヤレーンの決断〟に困難をもたらした。

●ビリーとの関係が始まった当初、プレヤーレンはおそらく純粋な論理に集中しすぎて、自らの感情を無視していた。そのため、ビーム（ビリー・マイヤーの愛称。ドイツ語版のコンタクト記録でよく使われる）のアドバイスの結果、「それらの感情を無視していなければ、状況が異なっていた」という認識に導かれた。

●ビームのアドバイスに従って、地球を担当するプレヤーレンたちは全員、行動の仕方を変え、それ以来、多くのことが彼らにとってより良い方向へと変化した。

●しかし、この一件から、プレヤーレンたちの感情の自由がある程度認められると、問題も多々増えた。自由な感情により、客観性を保つうえで困難が生じることが非常に多くなることが予想されたからだ。

●以上が、プレヤーレンが、あらゆる理由に反して、常にビリーとコミュニケーションをとり、任務に従事してきた主な理由である。

例えば、違法行為を行ったF－GUのグループメンバーによる、プレヤーレンへの非常に有害な過失が頻繁にあったにもかかわらず――。

それらＦＩＧＵのメンバーの誤った行動については、彼らの洞察力が磨かれ、より良い方向に向かうことで、地球の平和という目標に向けて、大きな一歩を踏み出すことになるだろう。

●しかし、最高評議会はプレヤーレンに対し、「地球への任務を他の勢力に引き渡し、地球から撤退するように」と勧告した。

次元の異なるエラ星から、人類の意識の進化を促すためにプレヤーレンはやって来た。当初は、ビリーを支援するＦＩＧＵのメンバーに対して教師のような立ち位置にいたのだろうが、次第とビリー以外の者たちにも愛情を抱くようになったようだ。淡々として見えるプレヤーレンたちだが、彼らの深い思いが伝わってくるかのような、意外な一面が伺い知れる。

FIGUの本部に訪れた「アンドロメダ高等評議会の宇宙船」

撮影／すべてビリー・マイヤー

1979年4月19日： 午前2時23分／FIGU本部の近く（岬がある東の地平線上）に現れた。純粋なエネルギーでできた宇宙船（エネルギーシップ）であるため、明るく輝きながら常に形を変えていた。

1979年4月19日： 午前2時40分／上記写真のエネルギーシップは、20分後、FIGU本部の駐車場に現れた。この宇宙船の光の放射領域内に停めていた自動車は、宇宙船が消滅した後、100kmあたり約5リットル分も多く燃料を必要とした。

1979年6月23日:午前4時20分／センターの駐車場に現れた2機のエネルギーシップ。写真の右端には、収まりきれなかったもう1機からの放射光が写り込んでいる。

「ウェディングケーキUFO」は地上で実用するためのプロジェクトだった！

ウェディングケーキUFOの写真を見た人は、
「これは模型で作った偽造UFOではないか？」と思うかも知れない。
しかし、まぎれもなく、プレヤーレン製の宇宙船と言える。
「Future Of Mankind」のサイトから、その説明を集約して紹介しよう。

たくさんの球体が配置された円盤のデザインの意味

「ウエディングケーキUFO」（WCUFO）は、ビリーが撮影した宇宙船の写真の中で、最も特異な形をしている。一見、小さなおもちゃのように見えるが、実際は3.5メートルと7メートルの２タイプがある。

当時の〝空飛ぶ円盤〟は、地球の磁場との兼ね合いか、ふらふらした動きのものが多かった。それに比べ、WCUFOの動きは非常に安定していて、上空で完全に静止した状態を保てた。このことから、WCUFOはおそらく地球の磁場に合わせて設計されている。

また、多数の球体が配置された外観は、「UFOの内部構造」を人類に見せてくれていると思われる。なぜなら、他の宇宙船のような外側のカバーがないからだ。

プターによるビリーへの説明
地球用に特別に考案した「ウエディングケーキUFO」について

私たちは、あなたが「ウェディングケーキUFO」と呼ぶ飛行装置に、１９２０年代から取り組んでいましたが、実際に地球上で使用できるようになったのは、１９７０年代の終わりになってからでした。

これらの飛行装置の形状は、〝地球用に特別に考案したもの〟です。誕生させるにあたり、私たちはインパルス・テレパシーを通じて、設計に必要な仕様を地上の科学者に送りました。

このテレパシー情報は、主に航空宇宙技術者やドイツの科学者に送られました。その中から、飛行可能な円盤が実現するようにと願ったのです。

私たちは、彼らに「外観の正確な設計」と「特定の技術」をテレパシーで伝達すべく、努力しました。その結果、ドイツの科学者によって、適切な飛行装置が完成したのです。

それが１９７０年代の終わり頃のことで、さらに実験を進めていましたが、政治の情勢が急速に好戦的な方向へと変化しました。

そこで、私たちは開発のための情報を、ドイツの科学者へ提供するのを中止し、プロジェクトを期限切れとしました。地球用の円盤飛行装置を実用化させると、戦争に利用されるからです。残念ながら地球人が好戦的なため、私たちは「地球用の空飛ぶ円盤」を実現できませんでした。

第3章

スファートとビリーの予言と生き残った者が体験する世界

かつてビリーはスファートとともに、遠い未来を観てきた。
そこにいるのは5億人ほどで、
意識の高い者しかいなかったという。
しかし、そこに至るまでには、蒔いた種を刈り取るべく
人類はさまざまな局面で追い込まれていくという。

スファートとビリーによる「未来の世界」にまつわる予言

人類は滅亡に向かっている、適正な人口は5億人程度とプレヤーレンは言う。

では、仮に滅亡から逃がれられたごく少数の人たちは、どのような世界に生きることになるのだろう？

また、今の状況から大転換させて、調和的な世界が築ける可能性があるのなら、それはどのくらい先のことなのだろう？

その手がかりとなる情報は、かつてスファートに連れられてビリーが観てきた「未来の地球の様子」として、コンタクト記録にまとめられている。それは、水瓶座黄金期にあたる「1958年以降の800年後の世界」のことも含まれている。

ここでは、その詳細を紹介したい。膨大な情報となるが、その内容には目を見張るものがある。

当時1945年の時点でスファートが、1958年の時点でビリーが、それぞれその年以降に何が起きるかを予言しているが、現在に至るまでの出来事がほぼ的中している。人類の状況についても、見事に言い当てている。

そこからすると、これから先の「遠い未来に関する予言」も、かなりの確率で現実化するのではないかと思われる。予言というより、正確には、観てきた未来についての詳細なレポートである。

その内容を紹介するにあたり、この未来レポート＝コンタクトと記録が、どういった状況でなされたかを説明しておこう。

予言がなされた日とその内容

■スファートの予言

第二次世界大戦が終結した翌年の１９４６年５月５日、日本では昭和21年にあたる。

当時９歳だったビリーに、今後の世界がどうなっていくかを教えた。現在の格差社会が生み出す問題や、環境破壊として大きな問題となっている「マイクロプラスチックの害」に１９４０年代の時点で言及するなど、その精度はにわかには信じ難いレベルである。

スファートから予言を聞かされる１年前の1945年、8歳の時のビリー。

■ビリーの予言

1958年8月24日、ビリーが21歳の時。ヨーロッパの全政府に対し、地球が危機的状況になっていくことを警告するとともに、それを乗り越えた先にある未来の地球について文面で伝えた。

ビリー自身、預言者としての類いまれな能力を持っているが、この予言では現代社会でよく目にする「固有名詞」が多々登場していることに驚きを禁じ得ない。

膨大な情報をどうやって記録したか

スファートとのコンタクト記録は、彼が用意していたプレヤーレンのテクノロジーでできた「非常に高度な録音機器」によって録音されていた。「この装置は、録音と同時に話した言葉が文章として書き込まれます。保存された内容は決して失われず、たとえ長い時を経ても、すべてを再生できます」とスファートは説明した。

そのことを対話の終了後に知らされたビリーだったが、当時、小型の録音機器は地球では売り出されていなかった。

では、注目のその内容を、それぞれ紹介しよう。

スファートが語る「１９４０年代以降の人類の未来」

「スファートとのコンタクト」より抜粋
１９４６年5月5日（日）　◆コンタクト相手：スファート
https://www.futureofmankind.co.uk/Billy_Meier/Contact_Report_656
※かなりの長文のため、「＊」部分は中略している。
※文中にしばしば登場する「3千年紀」は21世紀の始まりの西暦２００１年から３０００年にあたる。

◆将来、金融経済は困難な状況になる

１９４４年6月に行ったあなたとの最初の会話は、状況説明と意志決定のためでした。１９４５年2月3日の2回目の会話は、あなたの任務と使命、さらには多くの状況に関する事実を伝える会話でした。

＊

私はあなたに事実を知ってもらう必要がありますが、あなたは確実に理解し、意識的に受け入れ、解決していくでしょう。それは、あなたしか不可能です。

＊

意識の発達により、あなたはすでに理性と知性が他人よりも何倍も発達していま す。同年齢の少年や4倍歳が上の地球人よりも、さらに発達しています。

＊

私は同じ事実を何度か、異なる機会に取り上げるつもりですが、この方法を繰り返すと、あなたは学んだことすべての詳細を何度も興味深く思い出すからです。私が説明したことや自分自身のこと、自分の仕事と使命にとって非常に重要なことについて、学び続けるでしょう。

＊

その場合、あなたは自分自身に徹底的に知識を与え、そこから新しいこと、つまり「金融システム」について学ばなければなりません。それについて、私はこれからあなたに以下の初歩的なことを説明します。

地上の銀行業務、企業、政府と経済は、今後数十年間で非常に利益を得るでしょう

が、その後はあらゆる分野で大規模な失政が現れ、1980年代から「新千年紀」に至るまで、多くのものが崩壊するでしょう。

特にヨーロッパ、さらにはアメリカやカナダでも、銀行や法人は経営困難に陥り、存続のためには国家援助を利用しなければなりません。中には、経営不振で破産に至る人もいるでしょう。

*

初期の急速に発展する好景気の結果として、従業員の報酬は急速に上昇し、一般的な生活水準もよりも高い水準へと引き上げられるでしょう。これに伴い、人類は自分自身のためにこれまで以上に多額の支出をするように誘導されるでしょう。そして、給与収入では支払えない借金を負うことにもなります。

*

しかし、金融経済の将来は困難になるでしょう。なぜなら、1988年からは世界中で経済に関してかなりの暗雲が立ち込めるからです。その後、アメリカで巨大な資本力を持つ金融機関が設立されます。（ブラックロックを指している：筆者註）

金融業界全体において「世界的な影の銀行と影の政府」により、多くの国とそのシステムが支配されます。

＊

これらのことに関して、あなたは多くのことを学び、来るべき危険な世界と平和に関しての事実を示し、警告する文章を書かなければなりません。そのために、私がすでにあなたに話した、そしてこれからも言及し続ける多くの事実に取り組まなければなりません。

＊

非常に急速に増加する人口による脅威的な将来を止められない場合、原始世界を彷彿とさせる結果になる自然災害に至る可能性があります。

テクノロジーの進歩により、約28億人だった人口(コンタクト時点の1946年の人口)をはるかに越えるので、その結果、異常気象と環境破壊が引き起こされます。

◆環境を悪化させるプラスチックの害

すべては、地球の資源の無責任な搾取、さまざまな有毒ガス、化石燃料で稼働する原動機やヒーターからの排出物による大気や自然、動植物、海洋、内陸の水などの汚染によって引き起こされるでしょう。

また、人工肥料やさまざまな種類の除草剤、殺虫剤、その他多くの有害物質は、自然や動植物全体に破壊的な影響を与え、人間に深刻な病気を引き起こします。

そして、有毒ガスの影響により、オゾン層が危険なほど減少し、皮膚がんやその他の病気を生じさせ、動植物にも多くの変化をもたらすでしょう。

海と陸地の水も、有毒物質やあらゆる種類のゴミで汚染されます。特に、世界中のあらゆる水域で、多くの種類の「プラスチック」が、水中に生息する膨大な生物に悲惨な死をもたらすでしょう。プラスチックの害は、野原や牧草地、森林も含め、多くの陸上生物に対しても及ぶでしょう。

プラスチックについて説明しますが、1531年にドイツでチーズを加工する際の「合成ホーン」または「カゼイン」として発明されました。

その後の数十年で、人間が自然の中に不注意かつ無責任に大量のプラスチックを廃棄し、再びプラスチック製品が発明された結果、数十年にわたって脅威的な環境災害を引き起こすでしょう。

人類がそれを回避するのは非常に困難です。なぜなら、増加する人口は、環境の破壊と関係するからです。

そのような災害はときおり起きる異常気象が関係していると、科学者は「3千年紀」に至るまで、長い間主張するでしょう。その結果、今後50年間は科学者も人々も、過剰人口という真の原因を考えないことでしょう。

＊

◆2000回以上の核実験が長期にわたり環境を破壊

人口過多、そこから将来どんな恐ろしいことが起こるかについては、まだたくさん説明する必要があります。

私はまず、今後55年間、また「3千年紀」のずっと先まで起こるであろう、多くの尊厳のない事柄やその要因、悪い出来事の始まりの元凶が何であるかを説明します。

＊

昨年7月16日に米国で初の凶悪な核実験（トリニティ実験）が行われてから、2020年までにさらに2000回以上の原爆実験が計画され、実施される予定です。

これらは地球全体、実際には地球の内部構造に至るまで、非常に有害で破壊的な結果をもたらし、何十年にもわたって、「3千年紀」に至るまで、非常に多くの悪影響をもたらすでしょう。

そして、地球のテクトニクス（プレートの動き）の影響により、多くの大規模な地震や火山噴火が発生するでしょう。それらの核実験の結果、自然界と気候のすべての構造は損なわれ、変化し、すべてが制御不能になり、再生できなくなります。

◆難民は安全な国へと移動し、犯罪者が増える

「3千年紀」に入って以降、最終的には2億5000万人から3億5000万人の難民が生まれます。

戦争がなく、政治的、社会的、経済的に確立された国家には、今後、特にヨーロッパと北米大陸全体に難民が殺到するでしょう。

＊

このことは、私が過去2年間に何度か説明したことです。今後、命の危険にさらされている逃亡者がいるすべての国で、仕事を嫌がる者や詐欺師も現れます。

＊

これらさまざまな特徴を持った難民の数は現在から毎年着実に増加し、「3千年紀」

以降、世界全体の難民問題は、特にヨーロッパ全体で急速に拡大するでしょう。

*

特に1990年代から「3千年紀」に至るまで、多くの殺人犯罪者がこれらから出現するでしょう。彼らは、個人または集団として、暗殺、殺人行為、自爆攻撃を犯し、巨大な施設で無実の人を殺害します。

テロは世界中で蔓延し、無関係な人間に多くの死をもたらすことになるでしょう。

*

個々の犯罪者、テロリストグループによる殺人など、さまざまな出来事の対処に関与しているすべての政治的責任者は、空虚な約束をしたり、愚かな演説をしたりするだけです。それは今後数十年、さらには「3千年紀」まで同じように続くでしょう。

*

最も陰惨で壊滅的な出来事でさえ、遠い昔から人間の思考や感情に影響を与え、動かし、駆り立てるのはほんの短期間だけで、その後はすべてがすぐに忘れられてしまいます。

彼らは興奮し、震え、恐ろしい出来事に対抗するために、少なくともとりあえず何かをしようとします。そしてこのことは、人間がその日その時を無関心に過ごし、すべての出来事、存在するすべてのもの、人生のすべての重要なことについて〝真剣に考えない〟という事実も意味します。

*

◆人口増加が人間関係も環境も破壊していく

人口増加により、今後数十年、そして「3千年紀」に至るまで、無数の人類が病的な思考や感情、ひいては意識の混乱や重度の心理的障害を起こすでしょう。

また、人生への無関心、人生への勇気の無さ、人生への倦怠感が広範囲に蔓延し、多くの自殺者を出すでしょう。人生への無関心は、特に若い世代では日常生活の一部となります。

その無関心が他人にも伝わり、人間関係がますます結べなくなり、最終的には関係を解消してしまうでしょう。それによって、社会だけでなく、家族や知人、友人関係、パートナーシップでも繋がりを断つことになり、お互いに無関心になり、全員が個人の道を歩むことになります。

*

将来的には、止まらない人口増加により、陸地や海洋のあらゆる生命形態に、「劇的な突然変異」や死と破壊をもたらすでしょう。

＊

過剰人口による気候破壊により、すべてを再び復活させることはできず、最終的には苦難や悲惨さ、蔓延する病気、場所と食料と水の不足が地球全体に広がり、人類はもはや対抗手段がないほどです。

地球人が、出生規制によって厳密に人口を管理し、将来、地球に適切なレベルにまで至らなければ、そして、「予見可能な適切な期間内」に、健全な知性と理性の道に戻らなければ、その時が来たら、もう救いようがありません。

＊

それまでにはまだ時間がありますが、人口過剰により生き物を危険にさらす、すべての悪しき事態を止めなければ、終焉は避けられないでしょう。

しかし、残念なことに、これは今後数十年、さらには「3千年紀」のずっと先まで、止めることはできないでしょう。

実際、あなたが手紙を書いて各国の政府やメディア、重要な組織に送る時が来ても、止められないでしょう。

人類に残されているのは「暗い未来」しかないように思える。だが、続けてスファートは、「水瓶座の黄金期にあたる800年後の未来」についても触れている。ビリーの活動に関する内容だ。


あなたが仕事をしていると、徐々に人々が集まり、グループになり、世界中であなたの教えを学び、それに従うべく広めていくでしょう。

そこから800年から900年後、多くの人々がゆっくりと努力し、完全に、意識的に、自らの知性と理性を駆使し、これからあなたが書きとめる、「人々に伝える教え」に目を向けるでしょう。

しかし、これは非常に肩の荷の重い困難な仕事であり、使命を遂行しようとするあなたに対し、敵対的な世界で果たさなければならないことを知っておく必要があります。なぜなら、この世界で人々は、「非現実的な不自由な世界」へと導かれているからです。宗教によって支配され、奴隷にされているだけではなく、知ったかぶりの態度や悪習慣、自分自身の美化、悪徳、病的欲求、虚栄心など、妄想的信念の餌食になっているからです。

関連して、この長いメッセージの中には、ビリーに対する「生き方のアドバイス」もあった。主要な部分を抜粋してみよう。

◆ビリーが歩む道への予言とアドバイス

あなたにとって、今後の出来事を事前に知ることは、どのような場合でも、どのようなものであっても、非常に大きな負担を意味し、意識と精神にストレスを与えます。

*

私はこれまでと同様、あなたが思考や感情を通して、自らの意識と精神の状態を気遣い、健全さを維持できるように教え続けます。

あなたは自らに与えられた道を歩み、目的を達成するために、自分の知性と合理的思考を駆使しなければなりません。これは不可欠なことです。

なぜなら、自分の思考や感情をケアしないと、多くの説明や予測を受け入れることができないからです。

*

したがって、私は、あなたが賢明に常に正しく行動するために、地上の知識よりも優れているプレヤーレンの心理学にのっとって、厳密に賢明に指導します。

それはあなたにとって非常に重要です。人間の心理的衝動を正しく認識することで、自分自身を危害から守れるからです。私は必要に応じて、あなたの行動面と心理状態の回復をサポートします。

*

今、あなた自身に関すること、世界で起こるすべての事柄について、私はすでに他の会話で「予測的」に説明しました。これからもそうするでしょう。

あなたの意識と精神は、どんなに悪い出来事でも傷つくことなく受け入れて、乗り越えられるよう、制御されます。

なぜなら、それがあなたの人生に必要なだけでなく、あなたの仕事や使命にも必要だからです。あなたの人生は多くの場合、制御された思考と感情、強い精神状態を維持することが必要です。

これから何年も経って、あなたは故郷（スイス）に戻り、落ち着いて仕事と使命を始めるために、家から遠く離れた場所で生活をすることになります。

しかし、それは簡単ではありません。あなたの使命への取り組みに対する悪意ある攻撃に、嫌悪感を抱くでしょう。

仕事をくじけずに続けることが、使命を果たすうえでの成功に繋がります。

＊

このようにスファートは、すでに１９４０年代に、〝コントロールの利かなくなった過剰人口が原因で、これから人類は異常気象、環境破壊、戦争、混乱の時期に突入する〟と警告した。この状況は「第３千年紀」に入っても、ずっと続くことになるのだと。

そして、「ノコデミオン」の霊性を持つビリーに対し、人類の破滅を回避する方向を指し示すメッセンジャーとしての役割を期待した。

この困難な使命を達成するために、人間の衝動についてビリーが深く理解できるよう、「プレヤーレンの心理学」を教えたのだ。

ビリーが観てきた「８００年後の黄金期」とそこに至るまでの世界

ここからは、ビリーがかつて観てきた「遠い未来」の内容を紹介しよう。

この文章は、ビリーが21歳の時に〝未来への警告〟としてヨーロッパの各国政府に送られた。

原文は気が遠くなるほど長い内容だが、まずは、〝現在に至るまで〟が書かれた前半部分を紹介しよう。主要な出来事についての予言をまとめてみた。

「遠い未来に関する予言と予測」
1958年8月24日／ビリー・マイヤー
https://www.futureofmankind.co.uk/Billy_Meier/Warning_to_all_the_governments_of_Europe!

◆新たな良き時代が始まるまでに起きること

私の目と心は、1958年の今日から起こる未来のことを観ています。

したがって、私は、人類にまだ隠されたままの、最も遠い未来に至るまでの経過を通して物事を観て、理解します。

私の予言と予測が成就し、新たなより良い時代が始まるまでには、多くの時間がかかるでしょう。

しかし、そこに至るまでにはまだはるかに遠く、多くの悲惨さと困窮、さらには悪事や戦争、テロ、混乱、大惨事が人類と世界を覆い尽くすことになるでしょう。

＊

地球人よ、私には地球上の広大な広がりが観えます。ほぼ無限の海、大陸、雄大な山々、広大な森林、湧き出る泉、流れる川、湖、それらすべてが人間の手によってどのように傷つけられ、病気にさせられ、破壊されるかが分かります。大多数は、全滅するでしょう。

まだ予言や予測の言葉で語られていないすべての出来事が起こるまで、何世紀も何千年も経たないでしょう。

なぜなら、すべての災厄は現代のテクノロジーの発展と、それが作り出す恐怖によってすでに始まっているからです。

将来、さらに邪悪な戦争が世界中に広がり、その数はあまりにも多くなり、普通の人は生きるすべを見失ってしまうでしょう。

◆1958年における今後の世界の予言

※以降は、一部を抜粋してリスト化した。ほぼ全てが現実になったため、予言の精度は驚異的である。

《技術革新》

●この20世紀の1980年代には、人間が人工受精によって繁殖できるようになる。「2千年紀」（＊）の終わりに向けて、研究者は動物のクローンを作成し、その遺伝子を自由に改変する。「3千年紀」の変わり目には、実際の生殖行為を行わずに、人間と動物を単細胞からクローンとして作ることが可能になる。「3千年紀」には、研究者は大胆にも、人間の臓器の予備部品貯蔵庫として機能することを目的とした、体外人間（クローン）を作り出す。

＊西暦1001年から2000年。

●「2千年紀」の終わりは、コンピュータ技術が急速に確立される。その一方で、「第一次湾岸戦争」と呼ばれるであろう大戦争と同時に、「第二次湾岸戦争」が起こる。「3千年紀」の始まりとともに、第一次世界大戦以来、自らを「世界の警察」であると世界中を欺き、世界をその剣の下に置こうとしているアメリカが暴走する。

《通信手段》

●通信手段とニュース拡散手段は、急速に普及する。 世界のあらゆる場所で、出来事を映像で直接追えるテレビと衛星を介して。これは、すべての出来事を言葉と映像で送信できる、さまざまな電子通信機器も同様である。

●わずか40年もすれば、ごく普通の市民でさえ、ポケット電話を持ち歩き、あらゆる機会にそれを使用する。

《社会変化・社会システム》

●戦争と反乱によって、その国の人々は滅亡し、国々は崩壊し、盗まれた土地にはさまざまな権力によって新しい名前が付けられ、伝統的な名前は存在しなくなる。

●多くの人民、労働者、物乞い、軍人、過激派、アナーキスト、ネオナチは、人民に敵対的で腐敗した当局に対し、反乱や革命だけでなく、殺人や過失致死を引き起こすだろう。

●売春や人間の臓器売買を目的とした、子どもや女性に対する取引は、今やすでに日常的になっているが、人間から人間への臓器移植が間もなく行われる。このことは、「1千年紀」の変わり目から「3千年紀」までに増加し、今から数年のうちには日常的な出来事になっている。

●「3千年紀」の時代より前でさえ、実際1993年には、「欧州連合」と呼ばれる政治的かつ商業的なヨーロッパの独裁者が誕生し、悪事には666という数字を使う。

●すべての加盟国の国民は最終的に、「識別装置による生体認証データ」と、中央機関を通じた「生体認証識別システム」で監視・制御される。

国民は、頭部か身体に小型データチップを挿入され、完全な管理下に置かれる。「データバンク」により、すべての人間の居場所をメートル単位まで正確に特定できる。もともと、欧州連合の設立時にすでに計画されていて、最終的に国民は自分自身の事柄を管理する能力はないとみなされるようになる。

《経済》

●1958年から30年以内に、それまでのビジネスの繁栄は崩壊し、先進国で計り知れないほどの失業を引き起こし、何百万人もの人々が仕事を失う。

● 政府の失政により、国家破産を宣告しなければならないほどの巨額の負債を抱える。

●「第三世界」では大飢餓が猛威を奮うだろうが、裕福な先進国では巨大な倉庫に缶詰や数多くの食料品が保管されていて、農家は自分たちの商品を適正な価格で売りたくないため、果物や野菜などを破棄している。

《結婚・家庭》

● 結婚はもはや愛からではなく、体裁のためや利益からするようになり、夫と妻の不貞が頻繁に起こる。 その結果、結婚と同じくらい頻繁に離婚する。

● お金や快楽を求める親が多くなるため、今後数十年間で子どもたちは虐待を受けて放置される「ネグレクト」状態になる。

● 近い将来、できる限り多くの快楽や世俗的な所有物や富を手に入れようとし、親でさえも子どもを騙し、子どもが親を騙す状況が訪れる。　兄弟は、自分たちに利益が得られるのであれば、互いに騙し合う。

●お金と富への欲に取り憑かれた不謹慎な人間は、遺産を相続するために、決して解決されることのない「両親の殺害」を密かに犯すようになる。

《医療・健康》

●1958年から約25年以内に、すでに初期段階にあった致死性の疫病が世界中で発生し、「エイズ」と名付けられ、最終的には数億人の命が失われる。

●加齢に苦しむ人々は「老人ホーム」に閉じ込められ、経済面で血の一滴まで搾取される。

●将来、人々は自分の体に満足できなくなり、より美しくなるために、さまざまな種類の手術を自分自身に施すが、健康を損なうことにもなる。

《人類の意識の状態》

●多くの人は、隣人に関して無関心となり、むしろ無慈悲となり、困窮した人がいても見ないように目を背け、子どもや大人が病気で亡くなることを気にしなくなる。困窮した人は何も与えられないか、不十分な施ししか与えられず、飢えに陥る。

●特に権力者は自分の望むままに土地や誰かの所有物など、あらゆるものを奪い取る一方、普通の国民はあまりにも貧しく弱く、家畜のように扱われることになる。

●「3千年紀」には、大陸の大部分が消滅し、人々は山に避難しなければならない時が来るが、彼らが大災害を感じているのは短期間だけで、すぐにそれらのことを忘れてしまう。

なぜなら、彼らは映画やテレビを通じて、後にはコンピュータや電子機器の世界的な通信網を通じて、幻想に浸るからだ。それにより、現実感覚が失われ、架空の出来事との区別がつかなくなり、人生の迷路に迷い込む。

●人類は、保全よりも利益の方が重要であり、それは「3千年紀」も同様に続くだろう。

●「3千年紀」に入っても、人類は知識、知恵、愛の発達において子どものままであり、権力的な行動や仲間に対する支配に駆り立てられる。頭の中は、不必要なことでいっぱいになる。

●「3千年紀」には、多くの人々が古代から伝えられてきた古い予言や預言者の警告、賢者の格言に耳を傾け、地球環境の復活を渇望し、反逆の時代を引き起こす。人々は立ち上がって真実を求める。
しかし、その前に、大きな不安と疑惑が存在する「突き抜けられない迷宮」に迷い込み、そこから抜け出す方法を見つけようと、休むことなく突き進む。

●「創造の真実とその法則」「霊の教えと生命の教え」は、力強く世界中に広められるが、ほとんどの人類はそれらに耳を傾けることはない。皆、ますます多くの所有物を欲しがり、頭の中で作り上げた幻想に浸る。

●以上のこれらすべてが実現するまでには、「3千年紀」に至るまでの、「800年という長い時間」がかかる。

●800年後には、まずは「創造の教えとその法則」「霊の教えと人生の教え」が、人類の中でゆっくりと発芽し始める。
人類は預言者の教えに耳を傾け、最終的にはお互いを理解することを学ぶ。誰かが言葉で傷つけられたりすると、他の誰かもその痛みを感じることを、それぞれが知るようになる。

人々は一つになり、自らが隣人の一部であることを理解する時代となる。


このような内容のあと、以下の「800年後の黄金期にあたる未来」について綴っている。800年後とは、あまりに遠い未来ではあるが、貴重な内容と思われるので、なるべくそのまま掲載しよう。

この先、滅亡を逃れて生き残っていく一部の人類が黄金期を迎えるにあたり、地球が健全な惑星へと回帰するにあたり、この文章を読む心ある人たちの思念の力が、黄金期に至るまでの今後の未来へ、良き影響を与えることを願っている。

◆800年後の黄金期にあたる未来の予言

遠い未来には、唯一の貴重な言語が世界中で話され、人々はついに「本物の人間」になるでしょう。

遠い未来、人類は宇宙空間を征服し、宇宙の奥深くまで旅をし、地球の大気圏外に人工基地を建設し、そこに多くの人々が住み、働き、生活するようになるでしょう。

遠い未来、人類は海に大都市を築き、深海を動き回り、海で採れるあらゆる種類の果物で栄養を摂ることでしょう。

遠い未来、人類はお互いに合理的かつ敬意を持って話し、真の預言者の古いメッセージを受け入れるようになるでしょう。なぜなら、人々は互いにオープンになり、意識と精神のバランスがとれるからです。

遠い未来は1958年の今の時代よりも、人間の年齢は何倍も長くなります。

遠い未来、人々は自分たちの意識の力を認識し、真の預言者が知っていた、それまで秘密として隠されていたことを学び、次々と扉を開け、驚異的な認識力と知識を獲得するでしょう。そして、「創造の真実とその法則」についての知恵を持ち、それを意識の力を使って発展させます。

遠い未来、人々はついに暗い迷宮から抜け出す道を見つけ、清らかな泉のように崇高な命のエネルギーが再び湧き出る方法を見つけるでしょう。

遠い未来、人々は「創造の教えとその法則」にある「霊の教え」「人生の教え」を学び直して取り入れ、その方法で子どもを育てるようになるでしょう。子どもに真理を教え、生・死・輪廻と誕生・地上と天国について理解させるのです。

遠い未来、人間の身長はより高くなり、物事により熟練し、すべてを包み込む意識の力で、自らが望むものは何でも所有するようになるでしょう。

遠い未来、もはや男性だけで支配しなくなるでしょう。その時から、女性は地球の真の母として世界と人類の運命を導くことになるでしょう。なぜなら、男性よりも優秀だからです。

そして、男性的で野蛮な時代を終わらせるために、彼らの傲慢さ・圧制・権力欲・戦争中毒を打破し、地球に平和をもたらすために、悪魔的で殺人的な横暴な行為を摘発します。

遠い未来、人類に真の愛が目覚め、すべての人が共有するでしょう。それによって、人々の意識が変容し、長年大切にしてきた夢や願いが現実となるとともに、すべての人の意識が進化します。それによって、人々は野蛮さの真の終焉を迎えます。

遠い未来、宗教の信仰は不必要となり、「創造の真実とその法則」のみが有効となります。それによって人類の幸せな日々が始まり、人は再び他者との調和を見出すでしょう。そして、他者を平等な者として尊重します。

遠い未来、人々は巨大でパワフルな宇宙船で、宇宙の端から端までハイスピードで移動し、もはや境界線はなくなるでしょう。

遠い未来、人々は自分が破壊したり汚したものすべてを再構築し、きれいにするでしょう。知識と賢明さによって地球の将来を考えるようになり、自然と生命を尊重し、保護するようになるからです。

遠い未来、森林・湿地・牧草地・野原が再び花を咲かせ、砂漠も活気づくでしょう。

地球は、人間が暮らし、その他の生き物を讃える素晴らしい庭となるでしょう。

遠い未来、すべての人が互いに歩調を合わせ、他者を傷つけることはなくなり、お互いに、「もう騙されない」「もう何も盗まれない」「もう奪われない」という信頼関係を得るでしょう。もう殺されることもありません。

遠い未来、人類は自分の体とすべての動物の体について知るようになるでしょう。それにより、病気や疫病は、それらが発症する前に治癒されるでしょう。なぜなら、すべての人が仲間のためになるくらい、知識と能力のあるヒーラーになるからです。

人々は自分が共同体の中でのみ生きられること、他者を助けなければならないこと、奪うだけではなく与えなければならないこと、自分自身を「地球と人類の秩序の守護者」のように見る必要があることを知るでしょう。

遠い未来、人類は愛を与え、分かち合うことを学ぶでしょう。そのため、孤独な状況はあり得ません。

それでも、人々は最初に「創造の教えとその法則」の中にある、「自分自身の意識の力」「霊の教え」「人生の教え」を学び、実践しなければなりません。

そのためには、〝鉄の拳〟が必要です。強制的な秩序が混乱を追い出し、人々は再び正しい道を見つけることができます。

遠い未来、「4千年紀」が到来した時、人類は再び創造の秩序にのっとり、真の世界平和としての「真の愛と団結」「真の自由と調和」を実現するでしょう。

それは自らが、それまでにあったすべての神々や偶像よりも、計り知れないほどはるかに高い領域にいることを知っている状態です。彼らは未来がどうなるかを事前に知り、起きることを把握するでしょう。

そして、生と死の秘密を知り、もはや自分の死に対する不安を持たなくなるでしょう。

このように、遠い未来に至るまでには人類は人口のコントロールに失敗し、宗教の妄想から抜け出すことができず、絶滅寸前に追い込まれる運命にある。

しかしながら、人類は完全に消滅するわけではない。生き残ったわずかな人々により、地球環境は再生される時が来るのだ。

それが実現するのは800年後だが、その時、人類の意識はプレヤーレンが提唱する「創造の法則」にのっとって生活できるほどに進化する。

その世界には不正や差別、暴力や破壊はなく、誰もが他者の痛みを自分の痛みとして感じられるほどになるのだ。

第4章

プレヤーレンの科学が明かす意識と生命力アップの情報

滅亡を回避するという壮大なスケールの中で
われわれ一個人としては、何から始めればいいのだろう？
この社会に組み込まれた洗脳的な情報から解放し、
意識を引き上げるための手がかりを
プレヤーレンは、膨大なまでに提供してくれている。

滅亡を防ぐには急いで意識を進化させるしかない

〝迫り来る人類の滅亡〟について詳しく紹介したが、環境破壊による自然災害や、自ら引き起こす戦争や内戦などによって現代文明は破綻をきたし、われわれは絶滅寸前に追い込まれた軌道上にいる。

この軌道の果てには、人類の意識が進化した黄金時代が待っているものの、それは800年も先のことだという。

1000歳を越えて生きるプレヤーレンにとっては、800年という時間はさほど長くはないのだろうが、われわれにとっては途方もなく長い。

では、あきらめて手をこまねいているしかないのだろうか？　おそらくそうではない。はるか未来に人類は黄金時代を迎えるにしても、まずはわれわれの生きるこの世界を、少しでも調和ある世界へと変えていくことが先決だ。絶滅を逃れるには、意識を進化させるしかない。

そのためには、自らを取り巻く状況を、見えないレベルも含めて理解しておくことも必要になってくる。なので、この章では、知っておくと役立つ健康情報も含めて紹介していこう。

プレヤーレンのコンタクト記録には、現実への認識を変え、意識の進化を促す情報が膨大にある。どれもが、ビリーの質問に答えてくれたものである。

原文では、科学的な側面も含めて、さまざまなテーマに関して非常に詳細な説明がなされているが、この章ではその一部を紹介したい。

あらゆる生命体を支える「宇宙的電磁エネルギー」

まず、最初に紹介するのは、生命エネルギーについてのプレヤーレンの科学的見解だ。後ほど掲載する「鍼灸治療の効果」について、ビリーが尋ねた時、ケツァルは基本となる生命エネルギーの仕組みを紐解いている。

宇宙からのエネルギーは、「ウル・エネルギー」と呼ばれ、なぜそれが不可欠なのか、人体についての理解が深まるような内容だ。

「第216回コンタクトレポート」より
1987年3月16日（月）23時11分　◆コンタクト相手：ケツァル
https://www.futureofmankind.co.uk/Billy_Meier/Contact_Report_216
＊ここで言う「創造」とは、宇宙を生み出した大いなる力を指す。

◆全身に流れる「宇宙的電磁エネルギー」の働き

宇宙的な電磁エネルギーは、「創造」が与えたエネルギーであり、実際、「創造」が存在するエネルギーです。

それは、「ウル・エネルギー」とも呼ばれ、すべての生命体や霊体にも与えられています。

この宇宙からの絶え間ない流れである生命エネルギーを、私たちは「チン」と呼びます。「チン」は、私たちが「サナンタ」と呼ぶエネルギーラインを通して、各生命体を流れています。

（中略）

私たちが活性エネルギーとも呼ぶ、宇宙的電磁エネルギーは、流れる水のように、サナンタのエネルギーチャンネルを通して、あらゆる生命体の全身を流れています。サナンタチャンネルは、すべての生命体の全身に存在しています。動物・魚・昆虫・鳥・植物、さらには微生物・菌類・ウイルスにまで。

このような宇宙的電磁エネルギーは、個別の生命体に対し、有効に働いているものと働いていないものを生み出します。

（中略）

宇宙的電磁エネルギーにより、あらゆる種類の創造物には、プラスの力とマイナスの力が同時に存在しています。

このことは、地球上でも、宇宙のどこの星でも、それ自体にプラスとマイナスの両方の力を宿していないものが存在することは、あり得ないことを意味します。互いに補い合う正反対の力が常に同時に与えられていなければ、何も存在することはできません。

（中略）

これは、ポジティブな力とネガティブな力の両方が存在することを意味し、古来より地球上で定義されている通りです。

ポジティブとは活動的なもの・光と温かさ・男性的なもの・生産的なもの・新しいものを表し、ネガティブとは受容的なもの・女性的なもの・古いものなどを表します。

さて、これらのエネルギーがバランスを崩すと、エネルギー不足・エネルギー過剰、あるいはエネルギー封鎖のいずれかが発生します。

伝統的な中国医学では、「気」の流れが「経絡」という身体の道を通って流れており、「経穴」を刺激することで「気」の流れを整えることができるとされている。

実に興味深いことに、「気」とはプレヤーレンの言う「宇宙的電磁エネルギー」のことである。それが流れる「経絡」は、プレヤーレンの言う「サナンタ」に対応している。

また、プラスとマイナスのエネルギーは、陰陽のことであろう。プレヤーレンは、われわれには馴染み深い「中国医学」と同じ原理を説いている。

髪を染めることは生命力の低下を招く

このように「ウル・エネルギー」とは、生命体にとって重要な働きをする、宇宙的電磁エネルギーである。

このエネルギーをなるべくたくさん取り入れたいものだが、なんと髪染めはそれを妨げてしまい、がんを生み出す可能性さえあるという。

子ども以外は、髪染めをしていない人の方が珍しいくらい、現代では髪を染めることは当たり前のようになっているが、プレヤーレンの超科学からすると、全く推奨されていない。

彼らの見解に、注目してほしい。

「第２４８回コンタクトレポート」より

１９９４年2月3日（木）17時４分　◆コンタクト相手：プターー

https://www.futureofmankind.co.uk/Billy_Meier/Contact_Report_248

◆髪を染めると宇宙的電磁エネルギーの流れを壊す

髪の毛は、その人の体内におけるエネルギー交換と健康状態を、極めて詳細に表しています。それを知るには、優れた医学的知識も必要です。

地球上での、髪を染める通常の手段は、非常に健康を害するものであり、時間の経過とともに髪を破壊してしまうこともあります。

地球上のすべての毛染めは、リンパ腫をはじめとするさまざまなタイプのがんを生み出す傾向にあり、他方では、宇宙的電磁エネルギーに対する受容性と伝導性を破壊してしまうのです。

（中略）

私たちはそれについて、正確なデータを持っています。

髪を染める地上的な手段は、自然成分の染料の場合、宇宙的電磁エネルギーの流れを８・32パーセント減少させます。

化学的な成分によるカラーリングは、宇宙的電磁エネルギーの流れが９・67パーセントも減少し、場合によってはゼロにさえなります。

プレヤーレンの科学は、人類の科学的水準をはるかに超えている。したがって、完全に理解することは難しいかも知れない。

だが、彼らの主張が、のちに科学的に証明されることも稀ではないので、注目すべきだろう。

人間の意識とは光速を超える「微細流動エネルギー」

プレヤーレンのコンタクト記録には、精神科学にまつわる膨大なテーマが語られている。そこには、現在のわれわれには認識できていない意識や精神の仕組み、さらにはテレパシー、空中浮遊、テレポーテーション、霊感などの超常現象の仕組みが具体的に説明されている。

プレヤーレンは、意識や感情とは、実は〝特殊な物理エネルギー〟であり、意識が物質を生成する際に松果体がアンテナとしての役割を担うという。

見えない意識の力がどのように働いているのか、考えさせられる内容だ。

「第576回コンタクトレポート」より
2013年12月9日（月）15時17分　◆コンタクト相手：プターー
https://www.futureofmankind.co.uk/Billy_Meier/Contact_Report_576

◆「微細流動エネルギー」は超常現象を引き起こす

ビリー　テレパシー、空中浮遊、テレポーテーションなどの「霊的知覚の微細な流動エネルギー」の真実について、あなたの発見から、何か話していただけますか。

本質的なことを簡潔かつ、明確にまとめていただければ、それで十分です。

プター　人間について言えば、物質的なレベルへのコミュニケーションは「7つの感覚」を通して行われます。

もし、「微細流動エネルギー」とその上のレベルに到達するには、「第7の感覚」という〝微細な霊的知覚〟に結びついている直感を利用します。

松果体はそのためのアンテナとして働き、意識という信号を認識し、それを物理的なレベルからより高い「微細流動エネルギーのレベル」へと送ります。

この「微細流動エネルギー」は、物質的な人間の意識（感情を含めたあらゆる精神活動）との間でも相互作用します。

（中略）

物質的なエネルギーは「電磁気的」であり、重力を生じさせ、「微細流動エネルギー」とは対照的に光速よりもはるかに遅く、その動きは目に見えます。

「微細流動エネルギー」は、（中略）磁性を持ち、光速を超える速度で移動します。

地球人が超常的なエネルギーと表現する、テレキネシス・テレポーテーション・浮遊・テレパシーなどは、「微細流動エネルギー」によるものです。

この「微細流動エネルギー」は、目には見えません。そのため、地球人の感覚では超常的なものとして認識されます。

「微細流動エネルギー」は、地球の科学では測定器が存在せず、検出できません。そのため、科学者にとって「微細流動エネルギー」を完全に理解したり、説明することは非常に困難です。

（中略）

意識は、霊的なゲムートの領域（物質的な肉体とは対をなす精神の領域）から、潜在意識と松果体を経由して、「微細流動エネルギーのレベル」にまで浸透していきます。

人間は、松果体から「微細流動エネルギーの情報」を受け取り、それを日常的な意識に転換する能力が与えられているのです。


プレヤーレンの進化した科学から見た、〝意識を形成するエネルギー〟にまつわる説明は他にもいくつもある。

それらについて、筆者は分りやすく解説する力量はないが、おおざっぱに把握できたものだけを要約的に列挙しておこう。

「思考が現実化する」とはよく言われるが、以下の原理は、人間の意識が現実を創るにあたってのメカニズムと言える。

・・・・・・・・・・・・

●素粒子は物質の最小単位ではない。地球の科学では未発見だが、素粒子よりも小さな「超素粒子」が存在している。

●超素粒子は、「微細流動エネルギー」でもある。しかも、単一ではなく、7つのレベルで構成されている。

●人間の意識は、この「微細流動エネルギー」である。その放出によって、現実が創られる。

●「微細流動エネルギー」は、原子と分子の極性原理を形成し、それが粗大な物質の基礎となる。

●「微細流動エネルギー」は光速を超え、時間と空間も超えて移動し、影響を与える。一方、物質のエネルギーのレベルは、光速よりもはるかに遅い。

●「微細流動エネルギー」は、電気信号と磁気信号を発している。

●松果体は、「微細流動エネルギー」を感知し、その情報が意識へと送られ、直感になる。

・・・・・・・・・・・

非常に稚拙な要約だが、最先端の量子力学の体系的な知識があれば、もう少し具体的に説明できるかも知れない。

死者を呼び出すことは故人にも生者にも害となる

ここからは、「あの世」や「あの世に住む霊体」についての情報を紹介しよう。

プレヤーレンは、人々が一般的に信じている「あの世」への認識について指摘している。いわゆるスピリチュアル系でありがちな「死者との対話」も、その実状を間違って理解されていると言う。
次のコンタクト記録は、亡くなった者とコンタクトをとることについての、認識をくつがえす情報だ。

「第25回コンタクトレポート」より
1975年6月16日（月）1時46分 ◆コンタクト相手：セミヤーゼ
https://www.futureofmankind.co.uk/Billy_Meier/Contact_Report_025

◆死者との対話は害をもたらす

ビリー 質問があります。死者と話すべきか？ それは可能か？ 私はこのことについて自分なりの考えを持っていますが、今はそれを話したくありません。最近、このことについて議論したので、どういうことなのか説明してください。

セミヤーゼ 基本的にあなたがた地球人は非常にスピリチュアルですが、私たちから見ると素人レベルで、評価できるような知識や実績がありません。

いわゆる「スピリチュアリストのセッション」の99・7％以上は、詐欺と自己正当化に基づいています。

人々は、「霊能者は、異世界の存在や亡くなった人の言葉を伝えてくれる」という間違った考えを持っています。

この種の霊媒は、潜在意識レベルのテレパシー波動に非常に敏感です。この能力によって、未来や過去を体験している他者の潜在意識や記憶を「盗聴」することができます。そのため、素朴で無知な人々は、霊媒がサイキック能力を持っていると信じるのです。自分自身や親族について、または自分自身が長い間忘れていて、もはや思い出すことができない他人のことについて語られると驚かされます。

このような形の「霊言」は、霊媒の中に悪しき自己正当化を呼び起こし、その影響は同席者にも及びます。

残念ながらこのケースは非常に多く、どうにかできるものではありません。

物事の本質をよく分かってない非論理的な人は、それが簡単な黒魔術でも、本物のスピリチュアリズムでも実践してはなりません。

その理由は、第一に、実践者にとって心理的に非常に危険であり、物事の認識への混乱が生じるからです。

第二に、彼らは、さまざまな種類の可能性に騙され続けることになるからです。ただし、死者に騙されるわけではありません。

◆呼び出して良いのは高次の存在だけ

亡くなった生命体は、「意識の塊」の状態で、物質界を超えた領域に存在します。仮に、死者を物質界に呼び出すことができても、死者は物質界で学んだことを話すだけです。

ほとんどの故人は、自分への呼びかけに反応しません。反応するのは、〝呼びかけられたら悪意を持って、生きている人を騙す存在〟だけです。

死者を呼び出す形のスピリチュアリズムは根本的に、故人にとって好ましくないことであり、生者にとっても役に立たず、悪いことばかりです。

それゆえ、人間は死者を呼び出すという大それたことをしてはなりません。このような悪どいスピリチュアリズムを控えるなら、それだけで多くの不幸と苦痛があなたの世界では解決されるはずです。

価値があるのは、死者以外の高次の存在を呼び出したり、問いかけたりできる、より高い形態のスピリチュアリズムだけです。

しかし現在、地球には、そのようなことができる人が、4人しかいません。あなたの住むヨーロッパ地域では、現在この4人の本物の専門家のうち1人だけが生きています。ですが、私にはその名前を挙げる権利がありません。


このように、スピリチュアル系ではわれわれを助けてくれるとする守護霊や先祖霊も、プレヤーレンから見ると、〝物質界で学んだことを話すことしかできない存在〟でしかない。

プレヤーレンからすると、高次存在と交信していると称するスピリチュアリストなどは、自身の妄想に駆られた者として映るのだろう。

ただし、彼らの言う「高次の存在」にアクセスできる者は、1975年の段階で、世界でたったの4人しかいない。ほぼ50年近く経った今、その数は一体何人になっているのだろう？

憑依や悪魔払いの真実、輪廻転生の仕組み

コンタクト記録には、「憑依」や「輪廻転生」に関する情報も多々ある。

それらについては、「意識の進化」をテーマにFIGUの情報をまとめたサイト「Future of Mankind」に掲載されている。その一部を紹介しよう。

◆憑依状態は意識の機能不全が生み出した現象

ある人の意識状態や人格が異なるように見えることがある場合、統合失調症のような病気が起因となり、意識の機能が働かず、他の人格や異質な人格として現れます。これは、その人の意識の産物です。

このような病的な意識の状態は、昔から「憑依」という不正確な用語でよく知られています。

実際には、正常な人格と正常な意識のほかに、他の人格や意識の形態があるわけで

はありません。通常、けいれんや妄想の状態と結びついている、精神的に問題ある興奮状態なのです。

悪魔祓いによって、霊や悪魔として追加された人格を追い出そうとする宗教は誤った主張をしています。それは、何らかの霊や悪魔の影響ではありません。

プレヤーレンとビリーが語る輪廻転生の概念は、われわれが知る内容とは大幅に異なる。世の中には前世の記憶を語る人も多く、前世の人生が現在の人生に大きな影響を及ぼしているというのが、一般的な認識になっている。

だが、プレヤーレンによると、そうではない。輪廻転生はあるものの、人格の継続性はないという。

以下は、先の「Future of Mankind」に掲載されたビリーの説明である。

◆輪廻転生で前世は持ち越さない

死後、精神は時間を超越したところに存在し、決して休むことはありません。人間が「あの世」にいる間、「総合意識ブロック（ＯＣＢ）」から情報を吸収します。（別のコンタクト記録では、ＯＣＢはアカシックレコードのことだとしている：筆者註）

生まれ変わった時の人生がどのようなものになるのか、何を所有するのか、何に夢中になるのか、その人の性格・知性・生活様式はあらかじめ決まっています。

ですが、それは将来の人生の大まかな輪郭としてだけで、最終的には、自分の人生を生きながら、詳細な事柄を作り上げていくのです。

その人の霊体と全体的な意識の塊は、死ぬ前に消化・同化されていないものを分析し、それらを見直します。

死後、愛・知恵・教育・知識などは、微細な物質形態に変換されます。かつての人格は溶解し、ニュートラルなエネルギーに変化します。

その後、新しい人格が形成され、受胎後21日目に霊体とともに受精卵に転生します。新しい人格は、以前の人格とは何の共通点もありません。

この時から、魂が計画していたあらゆる物事の事前の計画、それの展開、意識の進化、その結果生じる認識と人間としての性質や思考、また、感情の力や知識を含めた全体性が形成されます。

（中略）

現世での人間関係・結婚・親子関係などは、来世では全く関係ありません。なぜなら、それぞれの人生で、新しい人間関係や状況に対処しなければならないからです。次の転生（人格）には何も持ち越されず、受け継がれるのは、両親からの遺伝情報だけです。

（中略）

どんな動物や生き物にも共通することですが、私たちは故人を埋葬したり、行事や儀式など、文化によって何らかの処理をします。大切なのは、故人への尊敬に値する味わい深いものであることです。

火葬は推奨されません。なぜなら、骨は、霊魂にとって生前を思い出させるからです。愛する人の近くに転生し、相手の未来を再調整するという影響を与えるかも知れないのです。

最後の部分だが、骨があることで、霊魂は生前の近しい人々のそばに転生してしまう可能性が高まるらしい。それが、親近者の未来の運命に作用して、彼らの決められた人生の軌道をずらしてしまうということのようだ。

ここにある、「死後は愛、知恵、教育、知識などは、微細な物質形態に変換される」や「人格は溶解し、ニュートラルなネルギーに変化する」というのは、「微細流動エネルギーレベル」になることを言っているのだろう。

もちろん筆者には十分な理解力がないので適切な解説はできないが、どうも死後の霊は「微細流動エネルギーレベル」で存在しているように思える。

非常に難解だが、過ちを恐れずに解釈すると、次のようになる。

・・・・・・・・・・・

●輪廻転生で継続するのは、その人の霊体のみである。

●霊体は肉体を必要とせずに、霊だけで存在できる水準まで進化するためには、肉体に入って何度も人生を生きなければならない。この時、肉体に入るのは、意識の塊であり、人格の元になる。

●死後、意識の魂は溶解し、消滅する。霊が新しく転生する時、「総合意識ブロック（ＯＣＢ）／（アカシックレコード）」の記憶領域から情報を吸収し、新しい人格として誕生する。したがって、一般的な輪廻転生の概念で信じられているような、人格の継続性は存在しない。

・・・・・・・・・・

これらのことは、地球の科学においても「微細流動エネルギー」の発見が待ち望まれる。

自殺や安楽死・死刑制度は否定されるべき行為

高度な文明を築く宇宙種族は、自然ではない亡くなり方や、死刑というものについて、どのような見解を持っているのだろう？

その一部を紹介しよう。

「第250回コンタクトレポート」より
1994年10月26日（水）16時23分　◆コンタクト相手：プター
https://www.futureofmankind.co.uk/Billy_Meier/Contact_Report_250

◆自殺や安楽死は「創造の法則」への責任に違反する

プター　自殺と同様に、地球人における安楽死や間接的安楽死という無責任な悪行は、私たちプレヤーレンにはよく知られています。これらはどれも、私たちは承認することはできません。

なぜなら、それらはすべて、「創造の法則」という、生命が進化するうえでの責任に違反するからです。

責任ある地球人であれば、自殺や殺人に同意することはできません。これらはすべて、卑劣で非人道的です。

ビリー　自然な死は、人間の人生における最後の経験の一つであり、自殺などによっては決して得られない、最大の経験となります。

プター　あなたの言う通りです。

死刑制度には確固たる見解を持ち、断固として反対している。

「第845回コンタクトレポート」より
2023年5月14日（日）15時9分　◆コンタクト相手：ジェーファ
https://www.futureofmankind.co.uk/Billy_Meier/Contact_Report_845

◆死刑制度は公的に許可された殺人

ビリー　大昔からこの地球上で行われてきた、死刑制度についてどう思いますか？

ジェーファ　このやり方は、公的に許可された殺人です。

ビリー　その通り、公的に承認された殺人です。非思考的な人々や復讐心に燃えた人たちが支持しています。

彼らは意図的に殺人を犯す人間や、死刑執行人、あるいは死の執行人としてそれを管理する人よりも、精神面で優れていないと言えます。

今でも地球上のさまざまな国で死刑制度があり、例えば、昨年は全世界で800件以上の死刑が執行されました。地球人の大多数は、残念ながら知能が低いだけではなく、復讐心が強く、それゆえ殺人鬼にもなり得るのです。

そのため、世界中のすべての国家には実質的に軍隊があり、常に戦争に向かっていて、「国防」と宣言されています。

ジェーファ　それらが真に意味するのは、国家が命じた殺人の実現であり、悲惨さや苦痛を伴う人間の業績の破壊です。

プレヤーレンにとって最も重要なのは、人間の霊体としての進化である。

進化は輪廻転生を繰り返し、何度も何度も生まれ変わることで実現される。その時、人生のすべての経験は進化するための重要な要素となる。

その経験には、死も含まれる。決められた人生を全うし、死を迎えることが霊体の進化にとって不可欠な要素となる。そのため、死刑や自殺、または安楽死によって人生を早期に終わらせることは、進化の法則性に違反する行為なのだ。

この意味では、安楽死は否定されるべきだが、延命治療を拒否することは許されるのだろう。

超科学による叡智が人類に開示されない理由

プレヤーレンのテクノロジーと叡智をもってすれば、この地球文明はどんなに進化するだろうと思う人も多いのではないだろうか？　しかし、彼らのテクノロジーの詳細は、そう簡単にわれわれに開示されることはない。

当たり前のようなれっきとした理由について、プターは次のように説明している。人類は、彼らから与えられることを期待する以前に、自らの意識を進化させるしかないようだ。

「第544回コンタクトレポート」より
2012年9月1日（土）14時14分　◆コンタクト相手：プター
https://www.futureofmankind.co.uk/Billy_Meier/Contact_Report_544

◆高度な知識は少数派にしか明かされない

ビリー　もし素粒子物理学に関して、早すぎる認識が得られ、それによって原子爆弾よりもさらに破滅的な兵器が製造されるなら、ひどい大惨事が起こるかも知れません。かつて、スファートが私に説明してくれたように、超素粒子に関しても、破壊目的に悪用できるはずです。（中略）このことを懸念するすべての人が、あなたの言うことを理解できるように、簡単な説明をお願いします。

プター　喜んでそうします。核分裂に関する早すぎる発見がそうであったように、早すぎる知識は重大な事態をもたらす可能性があります。

すでに地球人は、極めて悪意ある、危険で破滅的な結果をもたらしただけでなく、全動物相と植物相と気候に対し、現在と未来まで続く回復不可能な破壊をもたらしました。

（中略）

これに加えて、放射性物質による汚染は、人間も含む哺乳類やその他の生物の無数の死、異常出産や突然変異を引き起こし続けています。

（中略）

このため、少なくとも私たちプレヤーレンの高度に発達した技術・物理学・生物学・化学・医学・天文学などの包括的な認識を、地球人に公開しないようにしなければばなりません。

なぜなら、地球人の無責任さによって、これまでよりもはるかに大きな災難を引き起こすことになるからです。

私たちが有する医学の知識は、拷問やスパイ活動の目的であれ、力のある者が自分たちの利益のためだけに使用する目的であれ、地球人によって無責任かつ、無慈悲に悪用されてしまいます。

例えば、何十年、何百年と寿命を延ばしたがる者がいますが、無慈悲で残忍で、多くの点で変質した意識を持つ強欲な者であり、彼らの民族を支配するためです。

残念ながら、一部の強欲な者だけではなく、地球人の大多数がそのような意識へと変質しているので、言及した分野の知識を授けることはできません。

実際、地球人の集団の中で、今日８０００万人を超える真の人間性を目指す少数派だけに伝えられるものです。「創造の法則」を認識し、それに従い、意識の進化を目指すのは、少数派だけなのです。


これは当然と言えば当然だろう。超素粒子と波動と振動数、そして周波数に関するプレヤーレンの高度な科学が、意識は全く進化しておらず、ある意味で獣性の段階にいる人類に公開されることは、あまりにリスクが大きい。

彼らのテクノロジーが、さらに大きな破壊を引き起こす手段に使われてしまうからだ。

「未来の次元」の地球人や並行世界にいる存在の飛行物体

ハイテクノロジーに関する情報として、プレヤーレンは「未来の次元にいる地球人のタイムトラベル」や「並行世界からの訪問者」のことにも触れている。

「第250回コンタクトレポート」より
1994年10月26日（水）16時23分　◆コンタクト相手：プター
https://www.futureofmankind.co.uk/Billy_Meier/Contact_Report_250

◆別の世界から地球にやってくる存在たち

私たちプレヤーレンはここで〝地球起源の飛行物体〟について述べていますが、それは、「地球上の未来の次元」に構築されています。未来の次元に住んでいる地球人は「タイムトラベルの方法」を見つけ、次のことを可能にします。

彼らは自分たちの過去に戻り、地球上の現在にも戻ります。したがって、これらの訪問者は地球外知的生命体ではなく、地球の住人でもあり、その技術は地球人の現在および未来よりも、何千年も進んでいます。

そのほかの未確認飛行物体は、実際には地球外のものであり、人類が存在しているのと同じ宇宙の「時空連続体」に属する生命体によるものです。

飛行物体を伴う、そのような生命体が地球を訪れるのは、私たちプレヤーレンと古くから地球に飛来している「3つの異なる種族」を除いて、非常にまれです。

地球のあちこちで地球外生命体が接近していますが、人間との接触は極めてまれであり、数十年か数世紀に何度かある程度です。

彼らは、並行世界から飛行物体を伴ってやって来ます。例えば、私たち自身もここに広がる時空構造に属した並行世界に住んでいて、この並行世界はほんの数秒で変化します。

（中略）

生命力を持つ「有機的な飛行物体」がこの時空連続体に出現することは、地球上だけでなく、有人・無人を問わず、他の多くの惑星にもよく見られます。

私たちはそのような生命体を観察することができますが、どのような種族であるかは、まだ正確には判明していません。

◆無害で、遊び心さえある「次元変更者」

このような飛行可能な「有機生命体」は、私たちが「次元変更者」とも呼ぶ者であり、多くの場合は大小の蛍光性の光か、非常に明るい光を放射していて、もともと並行世界に存在しています。

彼らは全く無害で、遊び心さえあります。それらはしばしば個別か、小さなグループで出現し、その大きさは直径数メートルから数百メートルに及びます。

私たちプレヤーレンはこれらの生命体にまだアクセスできず、コミュニケーションを確立できていません。

このようにコミュニケーションが取れないのは、固い地面の上でしか移動できず、並行世界にのみ住むことができる「悪意のあるスクリル」と同じです。

最後に、そのほかの「次元変更者」としては「ダル宇宙」から地球を訪れる存在のみです。

これは非常にまれであり、このようなケースは過去5万年間に一度だけでした。ダル宇宙から来たアケットが、かつて11年間、あなたとコンタクトをした時のみです。


地球にやってくるのは、未来の次元の地球人もいるというのは、意表を突くような、なんとも刺激的な情報だ。どこかで目撃された宇宙船には、実は未来の地球人が乗っているのかも知れない。

人生で成功するための脳構造にするポイント

人が幸福に生きていくためには、脳の使い方がポイントになると、プレヤーレンは言う。

脳がその人の動機や意欲を引き出し、動機と強い意志は人生で成功するために必要不可欠な要素なのだと――。

以下は、人生で成功するための脳構造について言及した、非常に興味深い内容だ。

「第５２２回コンタクトレポート」より

２０１１年7月2日（土）15時21分　◆コンタクト相手：プター

https://www.futureofmankind.co.uk/Billy_Meier/Contact_Report_522

◆脳の働きが物事への興味や意欲を決める

脳の構造は、興味・意欲・意志力、物事を行うための必要なエネルギーを決定します。脳と神経の特定の領域は、「メッセンジャー物質」の放出によって活性化されます。そして、これらの物質が関連する脳の領域や神経に到達するほど、興味・意欲・意志力・必要なエネルギーが増加します。

したがって、興味を生み出し、自分自身を動機づける能力が発達します。それとともに、素質や才能も重要な役割を果たします。

（中略）

怒り・憎しみ・嫉妬・ストレス・リラックス・好奇心・寛大さなど、さまざまなエネルギーとその力が脳内で常に互いに格闘しています。これらによって、意欲が生じたり、損なわれたりします。

何らかの障害が生じた場合、人間は現実に対し、最も抵抗の少ないことしか行いません。例えば、何らかの衝動を抑える妄想などをします。

何かを学習することに関して最も抵抗が少ない方法は、〝絶対に必要で避けられないことだけを学ぶこと〟です。

それだけでもすでに、習慣化された落胆によって学習効果が決定づけられているため、それに続く積極的な動機と、その動機を実行するための断固たる意志の力が、芽のうちに摘まれていることになります。

地球人の目的に対する意欲は、ほんのわずかしか見受けられません。なぜなら、ほとんどの場合、自分の命を守ることなど、困難や危機の時にのみに湧き起こるからです。

◆成功したければ成功できる脳構造に変える

意欲の欠如は、地球人の大多数が感情に基づく幸福感がないのと同様に、真の喜びも真の満足感も見つけられないという事実にも繋がります。

（中略）

人生で成功したいのであれば、さまざまなことに対して〝確固たる動機が生じるような脳構造〟にしなければなりません。

（中略）

それには、すべてを意識的な強い意志により、実行しなければなりません。これができないなら、やる気がなく、真の人生を送るチャンスがないことを意味します。それはまた、意識を発達させられないことを意味します。

（中略）

疑いや不安・恐怖・無関心や退屈さなどは、あらゆる興味や動機にとって最大の敵であるため、基本的にスイッチを切る必要があります。

地球人が成功し、進歩的かつ発展的に生きていくためには、生涯を通じて「真に善なる利益」に目を向けた動機を維持しなければなりません。

すべてが「創造の法則」に従って、可能な限り、確実に導かれるようになることが重要です。できる限り、ネガティブなことは回避するのが重要です。なぜなら、脳に悪影響を与えるからです。

（中略）

能力が動機とつり合わない場合や、努力すべき事柄が間違っている場合、うまくいくことはありません。

これはいわば、プレヤーレンの成功哲学のようなものであろう。

しかし、その内容は決して安易なものではない。意識を強化することによって、不安や恐怖のようなネガティブな感情をコントロールし、自分が設定した目標を実現するために徹底的に努力せよ、ということなのだ。

すると、目標を実現することが可能な脳の構造になるのだろう。

鍼灸治療は肉体だけでなく精神までも健康にする

ここからは、日常生活に関連する健康情報を紹介していこう。

ビリーは、鍼灸療法に興味を持つ人のために、それがどのくらい効果があるのか、ケツァルに尋ねた。
それが以下の内容だが、読むと鍼灸療法を受けたくなるような、見事な解説だ。

「第216回コンタクトレポート」より
1987年3月16日（月）23時11分　◆コンタクト相手：ケツァル
https://www.futureofmankind.co.uk/Billy_Meier/Contact_Report_216

◆鍼灸治療は肉体だけでなく精神までも健康にする

鍼灸は、自らの生命エネルギーの「特定の集中点」に特殊な細い鍼を刺すことで、肉体的・心理的・意識に関係した苦しみや病気を癒します。鍼灸によるエネルギーは、特定の経路を通って体内を脈打ちます。

鍼は、人体のエネルギーシステム全体に影響を与え、これは動物・鳥・魚・昆虫、そして植物に対して鍼灸で治療する場合も同様です。

癒しの効果は、鍼の刺し方と刺す場所によって、身体だけでなく、意識と精神にも及びます。

（中略）

鍼灸の実際の起源は数百万年前にすでに確立されていて、エノクの時代という非常に遠い過去にまでさかのぼります。

エノク自身が鍼灸の発明者であり、探求者であり、それが彼の民族に引き継がれ、使用されました。「太陽の反対側」から来た民族の子孫の間で今日まで続いていて、それが今日の中国人に受け継がれている（古い中国医学に統合されて応用に至った）ということです。

しかし、その大きな改善効果にもかかわらず、鍼灸は医学にとって、多くの治療方法の中の一つの選択肢にすぎません。

鍼灸の究極の目標は、単に病気や苦しみなどの、さまざまな症状を治癒させることではありません。

肉体だけではなく、意識や精神も健康にし、苦しみを伴う病気が全く生じないようにすることにあります。ですから、単なる医学以上の非常に大きな意味を持ちます。

これは、体の中で生命エネルギーが正しく流れ、働くことができるということです。

◆サナンタシステムが乱れると病気になる

人体には、「宇宙的電磁エネルギー」を受け取る「サナンタ」というエネルギーラインがあります。サナンタ上には鍼灸の中枢やツボがあるため、そこに鍼を打つことによって、生命エネルギーが影響を受けます。鍼灸のツボは、いわゆるチャクラとは無関係です。

鍼灸の中枢は全身で786個存在しますが、中国の鍼灸の教えでは、私の知る限り672個しか知られていません。

生命エネルギーに極めて必要な「サナンタシステム」は、体内の循環系とある種の類似性を示します。なぜなら、血管で血液が脈打つように、「宇宙的電磁エネルギー」が肉体のエネルギーラインを脈打つからです。

各サナンタはまた、身体の特定の器官と関連し、すべてのサイクルは密接に相互接続され、影響を及ぼし合います。しかし、サナンタのシステム上でエネルギーが遮断されると、身体・意識・精神の免疫システムが乱れて弱まります。そのようなダメージを受けることで、苦しみや病気が現れるのです。

◆数回行えば、苦しみや病気が改善

サナンタ上のどこかに生命エネルギーの障害が生じている場合、目的に応じた鍼灸治療によって、その障害を解消することができます。

（中略）

鍼による刺激により、体内で神経成長ホルモンが分泌され、そのホルモンが速やかに周辺組織に広がり、神経の末端の炎症を鎮め、完治させます。さらに、この成長ホルモンは神経上を移動して神経根まで達し、神経繊維を再生させます。

（中略）

鍼の他にも、灸によってエネルギーをさらに増大させることができます。

（中略）

もちろん、鍼灸治療は1回だけではなく、数回行う必要があります。通常、最初の治療後、または2〜3回行うと、苦しみや病気などに明らかな改善が見られます。

鍼灸治療は、それが正しくなされれば、化学薬品や漢方薬のような副作用は現れないことも知っておくことが重要です。

鍼灸治療をしたことのある人も、これを読んで理解が深まったのではないだろうか。

まだ経験したことのない人は、試してみる価値が大いにある。もちろん、腕のいい治療家に限るのは言うまでもない。

健康を害するタイプのスポーツとそのリスク

多くの人にとって、今や体を積極的に鍛えることは珍しいことではない。定期的にジムで運動したり、朝な夕なにジョギングをしている人たちもいる。

しかし、プレヤーレンは、運動全般が必ずしも健康にいいわけではなく、どのような運動をするかには注意が必要だという。

「第743回コンタクトレポート」より
2020年6月16日（火）21時48分 ◆コンタクト相手：プター
https://www.futureofmankind.co.uk/Billy_Meier/Contact_Report_743

◆激しい運動や耐久スポーツは健康を害しやすい

特に、スポーツ活動は健康上の問題を引き起こすため、ここで言及しなければなりません。それは次のようなものです。

いわゆるスポーツマニア、スポーツトレーナー、医師、その他の「専門家」は、〝スポーツは健康的で肉体を強化する〟と主張していますが、これは地球人を混乱させます。スポーツ活動には健康上のリスク、つまり、脳や意識や身体的な損傷、死に繋がる事故のリスクも含まれます。

この点でリスクがあるのは、器具を使用した運動や耐久スポーツ全般（＊）です。長距離のハイキングも同様です。

＊サッカー、ハンドボール、ジョギング、バレーボール、バスケットボール、インラインスケート、アイススケート、アイスホッケー、スキーレース、自転車レース、スノーボード、高速ランニングなど。

さまざまなスポーツは、フィットネストレーニングを通じて、病的な思い込みの中で実践されています。耐久スポーツ、プロスポーツ、趣味のスポーツ、あらゆる種類の競技は、勝利にこだわるマニア、賞を取るマニア、英雄になりたいマニアに至るまで、多くの点で絶対に健康を害するものになります。

スポーツ強迫観念者は、個人的であれ、職業的であれ、〝毎日新たに自分を証明しなければならない病的な意識の持ち主〟と言えます。健康を害するにも関わらず、〝健康のためにはスポーツを定期的に行うことが必要〟と弁明し、馬鹿げた議論を引き合いに出します。

しかし、これは健康を促す善良なるスポーツのコインの「裏側」です。なぜなら、その逆のケースは公にならないからです。

メディアは、プロや個人のスポーツマンや女性の成功談を広めるだけで、どれだけの人が激しい運動の後に、スポーツ事故で深刻な状況に陥ったり、回復不能なダメージを負ったり、突然死したかについては沈黙しています。

プロフェッショナル的なもの、病的なもの、狂信的なものという面から見たスポーツは、人間を幸福にも健康にもしません。

不健康な「プロスポーツ」にもそれが言えます。例えば、ファンから恐ろしいほどの報酬を得ている「スポーツマン」「スポーツマニア」は、実際、自らの幸福に重大な危険を及ぼす、健康にとって有害なことをしています。

◆健全なスポーツは心身の活動機能を高める

狂信的で思い込みの激しい病的なスポーツマンとは異なり、健全でバランスのとれたスポーツがあることは事実です。適切に管理でき、スポーツによって全身と内臓、脳が正常に働く助けとなるなら、それは健康に良いものとなります。

肉体的にも精神的にも満足できる状態を維持でき、肉体の活動機能を高めます。そのため、高齢になっても、心身にほとんど不満のない生活を送ることができます。

高齢になった時の肉体機能に差が出ることを考えると、適切な種類の運動を程度に行うことは、やはり望ましいようだ。

抗生物質や殺虫剤が地球と人類の生命力を破壊

今や「抗生物質」があらゆる物に使用され、その害が取り沙汰される時代になった。

抗生物質が問題視される時代がやって来ることについて、驚くべきことに、プレヤーレンは1987年の段階で言及している。

「第216回コンタクトレポート」より
1987年3月16日(月) 23時11分 ◆コンタクト相手：ケツァル
https://www.futureofmankind.co.uk/Billy_Meier/Contact_Report_216

◆使えば使うほど治療を困難にさせていく薬剤

私の言及は、地上の医師が、〝抗生物質という観点から新薬の研究を強いられる〟という事実を指しています。

その理由は、ますます多くの地球人が、ほんの些細な病気のために、無分別に抗生物質、それも医師が無責任に処方したものを服用するようになるからです。

一方で、肉やその他の食品に抗生物質が注入され、さまざまな細菌が抗生物質に対して耐性を持つようになり、人類はますます苦しめられることになるでしょう。

このことは、さまざまな種類の病気や感染症の治療の可能性がますます難しくなり、結局、有効な薬はもう手に入らないということになります。

(中略)

抗生物質を含浸させた食品によって免疫系が損なわれた人々は、防ぎようのない細菌株に感染するようになります。

特に、病院では、多剤耐性菌（変異した細菌）がますます出現し、ほとんど防御できなくなるか、防御不可能になるでしょう。特に、黄色ブドウ球菌はＭＲＳＡという略称で呼ばれ、極めて危険な形で病院内に出現することになります。

◆多様な肉類に含まれる抗生物質がもたらす悲劇

一方、地球人は、抗生物質に汚染されたさまざまな種類の肉、それも多様な種類の哺乳類や鳥類の肉や魚を食べるようになります。

このため、あらゆる種類の細菌株が人間の体内でどんどん耐性を持つようになり、最終的には、医学的に処方された抗生物質での治療は、もはや苦痛から救えなくなります。つまり、適切で効果的な薬が不足しているために、ますます多くの人が亡くなるでしょう。これらの事実から、地球人の間では、「抗生物質の時代の終わり」が間もなく語られるようになるでしょう。

（中略）

さまざまな種類の抗生物質が肉製造の際に、動物や鳥や魚に犯罪的に大量に投与されています。病気に対する免疫力をつけたり、急激に成長させたり、体重を増加させるために。

（中略）

時間の経過とともに、抗生物質の残留物は食品に極めて危険な影響をもたらします。あらゆる利益を貪欲に求める抗生物質の食品への注入によって、消費者の健康は極めて深刻な形で危険にさらされています。

何かに注入された抗生物質は、植物や野菜や果実、昆虫、地中にいる生物にも、どんどん届いています。

しかし、それでもまだ十分な説明ではありません。抗生物質に加えて、地球人はさまざまな種類の毒物・洗剤・石鹸・シャンプー・除草剤・殺虫剤・肥料、放射性物質や多様な薬剤を生産し、人間以外の生き物の健康を破壊しています。

このような深刻なリスクを伴う抗生物質のほかに、殺虫剤や除草剤として知られるネオニコチノイドに関しては、2017年にプターが警告している。

この薬剤はミツバチを絶命させるなど、環境破壊を引き起こすものとして、近年問題視されている代表格である。

「第691回コンタクトレポート」より
2017年10月20日（金）21時47分　◆コンタクト相手：プター
https://www.futureofmankind.co.uk/Billy_Meier/Contact_Report_691

◆すべての生き物と人体に有害なネオニコチノイド

現在進行中の生態学的大惨事の責任は、何よりもまず、化学的な毒素を生産するすべての製造業者・企業にあることを簡単に説明します。

このことは、さまざまな種類の殺虫剤と除草剤に関係しています。

そのうちのネオニコチノイドは、非常に効力のある殺虫剤であり、合成された有毒物質です。

この有毒物質は、神経細胞の「ニコチン性アセチルコリン受容体」に結合し、それによって受容体が永続的に刺激され、神経インパルスの伝達に障害が生じます。

ネオニコチノイドは、次のように働きます。

＊＊＊

●脊椎動物（両生類・魚類・爬虫類・哺乳類・鳥類・その他の多くの生物）の神経細胞よりも、昆虫の神経細胞に対してははるかに強い効果を発揮する。動植物全体を死滅させるが、特に益虫となる昆虫が殺されてしまう。

●その効果のため、主に種子用の他、顆粒・スプレー・灌漑用水への添加剤としても使用される。

●植物内で非常にゆっくりと分解されるため、毒性効果は長期間持続し、植物が枯れたり、腐ったりした時にのみ、成分が破壊される。

●ネオニコチノイドやその他の殺虫剤として作用する有毒物質は、根から吸収されて葉に運ばれたり、葉や茎から直接吸収されて、植物に蓄積する。野菜に直接・間接的に噴霧すると、その食物を介して生命体に吸収される。

＊＊＊

このような毒素で処理された植物には、それを食べたすべての生き物や地球人の健康に有害な毒素が残留することを意味します。

（中略）健康への有害性は、地球人が認識しているよりもはるかに大きく、広範囲に及びます。

なぜなら、毒物の製造者自身もその研究者も、自社製品の致死性を知っていますが、そのことを隠蔽しているからです。


これは重要な警告だ。最も広範囲に使用されているネオニコチノイドには、プレヤーレンが指摘するほどの強い毒性がある。

それを製造している化学薬品会社もこの事実を知っていながら、それを隠蔽しているというのだ。だとしたら、製造会社の責任は重大だ。

トマトやカカオ豆の健康増進効果

詳細な説明ばかりではなく、プレヤーレンは、ビリーの質問に簡潔に答えているものも多い。

次に紹介するのは、その一例だが、身近な食材についての健康効果を教えてくれている。

「第216回コンタクトレポート」より
1987年3月16日（月）23時11分　◆コンタクト相手：ケツァル
https://www.futureofmankind.co.uk/Billy_Meier/Contact_Report_216

◆熟したトマトのがん予防効果

ビリー　トマトには、ある種のがんを予防する活性物質が含まれているそうですが。

ケツァル　それは正しいです。トマトは実際に、ある種のがんをかなりの割合で予防できる活性物質を含んでいます。特に、前立腺癌を予防することができます。

しかし、常に十分に熟しているトマトか、その状態のトマト製品を使用することが前提で、いずれも生のままではなく「調理された状態」にすることが重要です。

トマトの活性物質によって、他の種類のがんも予防することができます。

しかし、このことについては、私たちの指令に従い、公式な形で明言はできません。

「第817回コンタクトレポート」より
2022年8月16日（火）8時16分　◆コンタクト相手：ケツァル
https://www.futureofmankind.co.uk/Billy_Meier/Contact_Report_817

◆循環器系疾患の改善にはカカオが効果的

ビリー　循環器系疾患のリスクを減らすための、自然療法はあるのでしょうか？

ケツァル　そのような場合の治療に役立つ成分を、カカオ豆が提供してくれます。非常に効果があるフラボノイドを含んでいます。

ビリー　それなら、ココアドリンクやチョコレートは、実は健康に良いことになりますね。胸やけがする人を除けば。

ケツァル　それは良い選択です。しかし、ココア飲料とチョコレートは、牛乳を含んではいけません。

ビリー　それなら、水に溶かしたココアやダークチョコレートを摂ればいいですよね。

ケツァル　それは良い方法です。

このように、プレヤーレンのコンタクト記録には、すぐにでも実践できる健康のアドバイスが含まれていて、日常生活で大いに役に立つものが多い。

アルツハイマー型認知症のメカニズムと抗認知症剤

現代は昔に比べ、認知症になる人が激増している。これは、高齢化社会になったことが一つの要因と言える。

認知症で一番多いのは、アルツハイマー型認知症とされるが、このことについてビリーが質問している。コンタクト相手のフロレーナは、実際は非常に細かく説明しているが、かなりの長文になるため、主要な箇所のみ抜粋しよう。

身近にアルツハイマー型認知症の方がいる場合、参考になるだろう。

「第817回コンタクトレポート」より
2022年8月16日（火）8時16分　◆コンタクト相手：フロレーナ
https://www.futureofmankind.co.uk/Billy_Meier/Contact_Report_817

◆アルツハイマーは子どもの頃から発症する

この病気は先天性のものです。つまり、アルツハイマー型認知症による細胞の劣化は、人間が歳をとってからではなく、生まれる前にすでに起こっているのです。地球上では、残念ながら疫病のように蔓延していて、治すことはできません。それでも、説明しなければならないのですが………。

アルツハイマー型認知症は、表立って現れるまでに何年もかかります。急性化するまで、80年以上かかることもあります。

その後、物忘れが急速に進み、3段階を経て発生します。ある時期から行動がおかしくなり、それが周囲の人にも分かるようになります。

（中略）最初の兆候は記憶力の低下という形で少しずつ現れ、次第に精神が不安定になり、どこかおかしくなっていきます。物忘れがひどくなり、日常で使う道具が見つからなかったり、会話の最中で話がこんがらがり、言い終わることができなくなったり、何かを完全に読んだり集中できなくなります。

（中略）

アルツハイマー型認知症は、無症状期が非常に長く、小さな子どもの頃から始まります。その最初の兆候は、思春期にも発見することができます。

発見の手がかりは、アミロイドーシスによる皮膚の斑点が現れた場合にも、当てはまります。斑点は、異常に折りたたまれたタンパク質が集まったアミロイド、つまりタンパク質と多糖類の複合体が皮膚の組織内に沈着したものです。

無症状期は何年も続き、この間に脳に特徴的な変化が現れ、検出することができます。

◆治せなくても進行を遅らせることは可能

無症状期が終わると、「認知症前段階」が始まります。（中略）新しい情報を保持する能力が低下し、何年も経過するうちに海馬の脳量が著しく減少します。

（中略）

アルツハイマー型認知症の初期段階の人は、自分の変化に対する恐怖と悲しみ、恥ずかしさから、非常に落ち込むことが少なくありません。このため、うつ病と区別することが難しい場合があります。

（中略）

たとえ早期発見できたとしても、現在の地球の医学では治すことはできません。しかし、適切な認知療法や精神運動療法によって、病気の全経過とその進行を遅らせることはできます。

アルツハイマー病に罹患した人は、初期の段階で協調性や知覚、バランス感覚を鍛えることで、その症状を何年も安定させることができます。

（中略）

しかし、地上の科学は、まだこれらのことを理解できていません。これが、私たちプレヤーレンの指令に背くことなく、私が言えることです。


たとえ治せなくても、症状を何年も安定させられるというのは、なんとも心強い言葉だ。

「第231回コンタクトレポート」より
1989年11月9日（木）9時48分　◆コンタクト相手：ケツァル
https://www.futureofmankind.co.uk/Billy_Meier/Contact_Report_231

◆いわれある植物からできた抗認知症成分

ケツァル　適切な活性物質は、「ガランサスニバリス」という植物から得ることができます。この活性物質は、抗認知症剤であり、記憶障害や物忘れだけでなく、言語障害や行動障害にも作用します。

得られる活性物質は「ガランタミン」であり、ある程度、アルツハイマー型認知症にも有効です。

ビリー　通常、医療用の薬剤には副作用もあります。あなたが言った、「ガランサス」もそうなのですか？

ケツァル　はい、誤用や過剰摂取すると、妄想や不安・多幸感・不眠・落ち着きのなさを引き起こします。

（中略）

この植物とその有効成分は、古代ギリシャ人だけでなく、古代ペルシャ人や初期のオスマン帝国とその先人たちにも、知られていました。「ガランサスニバリス」がもともと自生していた地に住む、コーカサス人たちにも知られていました。

当時からこの植物と有効成分は、地元の民間療法で、脳の衰えや認知症の治療に使われていました。特に高齢者は、脳の働きを活性化させるために使用していました。

「ガランタミン」は1950年代末に、コーカサス地方の植物「ガランサスニバリス」の球根から抽出されました。非常に複雑な精製工程を経ています。

しかし、この物質が合成成分として生産されるようになるのは、今後10年間かかります。その後、活性物質の「ガランタミン」がアルツハイマー型認知症の治療に適していることが発見され、治療が認可されるのは、2000年に入ってからとなります。

専門的に言えば、抗認知症薬、つまり〝脳の衰弱に対する薬〟になります。

しかし、実際の治療薬ではなく、あくまで病気の進行を遅らせる効果を持つ活性物質であり、それも、症状が中程度で軽い場合のみです。

他にも、病気に関する情報や、健康状態を向上させるための食材や自然療法に関して、膨大な情報が記録されている。

それらは圧倒的でさえある。緻密な分析に裏打ちされた彼らのみが知る情報は、一般常識をくつがえす内容もあり、目を見はるものが多い。

ここで紹介した情報も含め、自分にとって有害なものや救いとなるものを知っているのと知らないのでは、意識の在り方に大きな差が出てくる。

プレヤーレンは、さらに積極的に意識を高める具体的な方法を教えてくれているので、次章以降で紹介したい。

その前に、彼らがなぜ、高次の種族へと進化したのか、最後に紹介しておこう。

それはあまりに信じ難く、まるでSF映画のようだが、地球にも同じことが起きたら……と思わずにはいられない内容だ。

コラム

プレヤーレンに起きた驚くべき出来事と進化への歩み

プレヤーレンはどのように進化したのだろう？　始めから高度な精神性を持つ種族だったのだろうか？

実は、そうではない。プレヤーレンは高度に発達したテクノロジーを駆使する好戦的な種族として、戦争に明け暮れていた時代があるのだ。

そんな中で、進化を促すある出来事が起きた。以下は、プターの説明だ。

「第711回コンタクトレポート」より
2018年10月8日（月）21時56分　◆コンタクト相手：プター
http://www.futureofmankind.co.uk/Billy_Meier/Contact_Report_711

◆「球状の飛行体」がもたらした飛躍的な進化

この話は、約5万2000年前に、エラ星と他のプレヤーレンの惑星で起きたことから始めなければなりません。

その時、「空飛ぶ球体」から波動が放出され、その球体は、エラ星と他のプレヤーレンの惑星の周囲を、それぞれ32日間ずつ周回しました。

それが移動している間、「球状の飛行体」が発するスイング波のインパルス（振動）が、惑星上の全住民の〝脳の特定の領域〟に非常に効果的に影響を及ぼしました。

その結果、暴力と退廃への衝動が、すべて鎮まったのです。しかし、衝動が消滅したわけではなく、ただ緩和された状態となり、平和になるような影響が〝脳の特定の領域〟に与えられたことが分かりました。

脳のその領域にのみ作用し、穏やかな状態にさせるスイング波のインパルスは、攻撃的でも強制的でもありませんでした。脳機能が持つ、理解と理性を刺激するだけだったのです。

それにより、私たちはすべての宗教的な要素を放棄し、それに伴って「創造の法則」を理解し、従うようになりました。

「球状の飛行体」のインパルスという特別な方法で、惑星の住人たちはわずか11日間で、他人の意見に惑わされないようになりました。

特に政府の影響や、自らの不幸に惑わされることがなくなりました。それどころか、今後は自分たちの目標を達成するために努力し、忍耐強く生きていくことを決めたのです。

すべての人々は、達成困難な自己実現の目標を自らに課し、どのような状況下でもそれを守りました。失敗しても、それをより良いものへとするべく対処することも学びました。

そのような意欲により、設定した目標を達成していったのです。

精神的にも強くなり、知性や理性を育むべく、自己啓発や自己実現のための新たな課題を見つけ、それを実現することで、自分の能力を発揮するようになりました。

短期間でストレスに対処できるようになり、精神的にも肉体的にも健康になりました。

「球状の飛行体」が惑星を周回したことにより、惑星の住民たちは、あらゆる退廃や暴力、不道徳から解放されたのです。

このようにプレヤーレンは、エラ星にやって来た「球状の飛行体」により、惑星ごと空前の大変化を迎えることになった。飛行体の発するインパルスによって、種族全員の脳の特定の領域が進化したことで、精神性が急激に上がったのだ。

プターはこの「球状の飛行体」がなんであるかを知っているようだが、詳しく話すことは許されていないとのことだ。

地球にも、これと同じことが起きると良いと思うが、プレヤーレンによると、それは起きないという。やはり人類は、自力で意識を進化させなければならない。

第5章

プレヤーレンによる「霊的自己のインパルスで現実を創り変える瞑想法」

人類の意識の覚醒を促すべく、プレヤーレンは
現実を変容させるメソッドも教えてくれている。
ビリーが記したそれらの情報の中から
自らの中に息づく深遠な力を引き出す
特別な瞑想法を紹介しよう。

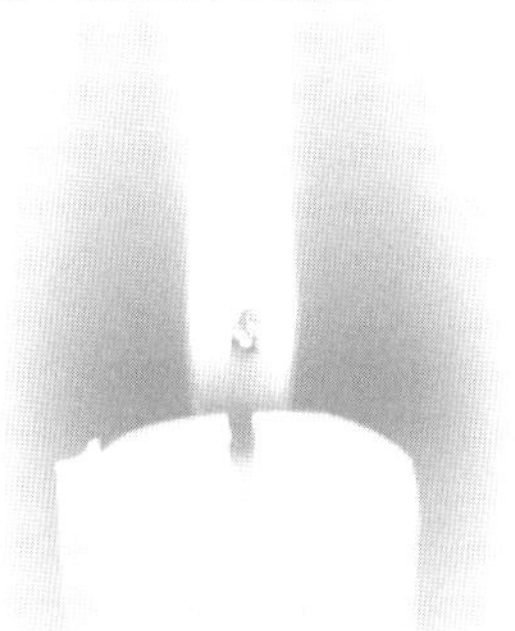

現実を創り出す想念の力

個々人の意識を引き上げるような、何か具体的な方法はあるのだろうか？

そんな疑問に応えてくれるのが、ビリーがプレヤーレンから教えられた瞑想法が書かれた『心』という本だ。そこには、想念の力で現実をより良いものへと変化させるメソッドが、いくつも紹介されている。

その中で一貫して告げられているのが、〝現実とは想念が創り出したものであり、想念によって現実は変更可能〟というメッセージだ。

「想念の力　人は自分が考える者になる」という章では、人間の想念が現実を創り出すことが、以下のように述べられている。

＊＊＊

人が考えることは、遅かれ早かれ実現します。なぜなら、すべての想念はまだ生まれていない行為、つまり、まさに生まれ出ようとしている行動だからです。

ある想念を抱く頻度が多ければ多いほど、そして強ければ強いほど、それは大きく膨張し、実現へと突き進みます。それはあたかも絶えず水をやることによって種子が膨張し、発芽して根を下ろし、成長し、やがて穂になるのと同じです。

自身の想念世界と現実世界における指針が、自らの行為の性質を決める限り、誰もが完全に自由に行動することはできません。

人が想念として長い間抱いてきたものは、自らの中で無意識に現実化していきます。まるで完璧な自動操縦のように、自らの本質に応じた決意と行為が展開していくのです。

＊　＊　＊

このように、〝人間の想念こそ、現実を形成する本体である〟と述べている。

この本には、想念を変化させることで現実を変化させる方法が明確に書れている。それを実践すると、未来を変えることが可能になるという。

そのような想念のみならず、プレヤーレンは「霊的意識」が果たす役割にも、深く言及している。

霊的自己のインパルスが現実化の決め手となる

現実をより良く変化させられることとは、プレヤーレンの宇宙観や科学から見ても、確固たる事実のようだ。彼らは人間が持つ可能性について、このように捉えている。

宇宙とその中に存在する万物は、「創造」と呼ばれる超越的なエネルギーが形成したものであり、人間の意識の内奥には、その断片としての「霊的意識」が存在している。この「霊的意識」はいわゆる「真我」のことでもあり、肉体を失ったあとも延々と生き延び、輪廻転生を繰り返す。

最も重要なのは、この「霊的自己」の活動こそ、〝現実の世界を創り出している本体なるもの〟ということにある。

つまり、「霊的自己」から独立した存在などいない。一人ひとりが体験する現実は、自分の内奥に存在する「霊的自己」が創り出したものなのだ。

もちろん、未来もそうだ。ビリーの著『わずかばかりの知識と知覚、そして知恵』で、プレヤーレンは次のように述べている。

・・・・・・・・・・

人間の意識の発達の原動力となるのは、その人の最も内奥にある〝霊的で創造的な真の自己が発するインパルス〟です。そのインパルスによる原動力が、あらゆる進歩をもたらしました。

というのも、人間の最も内奥にある意識の層とその中にある〝開かれた意識〟は、その人の人格や思考へと浸透することで本人を形成しただけではなく、地球環境や科学をも創り上げたからです。

この内奥にある〝霊的自己のインパルス〟は、意識を介してすべてを変容させ、新たに好ましい内外の状況を創り出します。

・・・・・・・・・・・

要するに、われわれの意識の内奥には、すさまじいエネルギーを内包した霊的自己が存在し、その人の意識に向けて常にインパルスを発しているのだ。そのインパルスを受け取り、願望を思い描くと、新たな現実がたちどころに現れるという。

このような仕組みに基づいて現実を創り替える方法が、プレヤーレンが勧める瞑想法（訓練）だ。

「ロウソクの炎の凝視法」は、4段階にわたり、日々行うことで幸福感が広がっていき、願望実現へのスイッチが入る。その後に、「集中瞑想」で変性意識状態を会得し、ビジョンを受け取ることで、好ましい未来を創り出せるようになる。

その方法を紹介しよう。

幸福感の境地と願望実現を促す「ロウソクの炎の凝視法」

【効果と実践する時間帯】

●この訓練によって集中力が身に付き、願望実現を促す。

●訓練は、毎日同じ時刻に行うようにする。適しているのは、20時から22時までで、最適な時間は21時。

朝早い時間や日中は、訓練に適さない。

【やり方】

《1日目～8日目》

●テーブルに向かってくつろいで座り、約1メートル前方に火を灯したロウソクを立てる。

●完全にリラックスした状態で、ロウソクの炎の中心（光点）を、初日は5分間のみ見つめる。

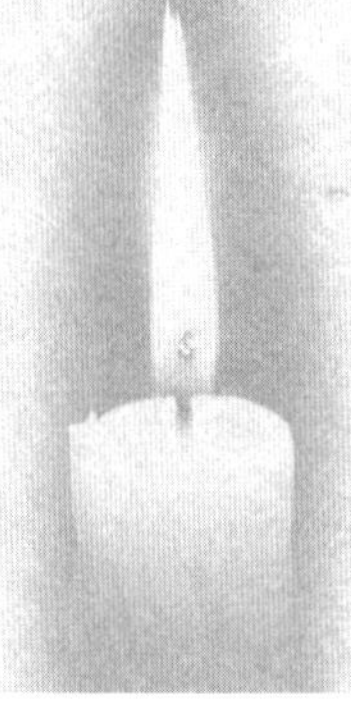

●この時、「太陽」を思い浮かべて、イメージの中で炎の中心に重ね合せる。

●翌日からは、見つめる時間を毎日1分ずつ増やし、12分になる8日目まで行う。見つめる際、必ず時間を守ること。

（1日目 5分／2日目 6分／3日目 7分／4日目 8分／5日目 9分／6日目 10分／7日目 11分／8日目 12分）

炎（光点）の見え方の変化

訓練の際、意識を向けているロウソクの「光点」は、集中度に応じて、時間が経つとだんだん「小さい太陽」に見えるようになり、それが徐々に大きくなっていく（後述するガラス玉や水晶などでも同様）。

《9日目〜14日目》

●9日目からの6日間は、訓練の際にすべての思考を止める。

●つまり、ロウソクの炎の中心を毎日12分間だけ見つめ、その間、何も考えない。

《15日目～20日目》

●15日目からは、ロウソクの炎の中心を見つめる時間を、15分間に延ばす。

●見つめている間、「赤いバラ」（または黄金のバラ）を思い浮かべる。

●この訓練も6日間行う。

《21日目～》

●それ以降の日々は、毎日15分間のみ、この訓練を行う。

●その際、願望が叶っているイメージにひたる。

炎（光点）の見え方の変化

日々の訓練により、最終的には太陽（光点）が大きく広がって、光り輝く光明となり、視界全体を満たすようになる。

その段階に到達したら、光明の境地に無心で浸ると、幸福感に満たされた状態が数時間か数日続く。

【ロウソクの代わりに使ってよいもの】

この瞑想法で使用するのは、必ずしもロウソクでなく、以下のものでもよい。

ガラス玉

・透明なものなら、ロウソクと同じ役割を果たす。訓練の仕方は、ロウソクの場合と同様。

・ただし、ガラス玉は炎を発することができないため、光源を利用しなければならない。

・その際、光源がちょうどガラス玉の中心に差し込み、そこに小さい点が生じて「小さい太陽」のように見えるようなテーブルの位置に置く。この「小さい太陽」を、瞑想の際の「意識の集中点」として用いる。

水晶

・集中力の訓練には、水晶や宝石も使うことができる。ただし、光の反射による「集中点」として適しているものに限る。

2本の線

・白い紙の上に、黒いマジックなどの均一な色で、長さ12センチの太めの線を書く。

・この太い線が、縦長の2つの線（等幅）になるように切り離し、1〜2センチの間隔を空けて壁に張る。

・その壁の3メートル手前にリラックスして座り、ロウソクの炎と同じ要領で訓練を開始する。

・しばらくすると、2本の線が1本の線に繋がったように見える。これは、訓練が成果を上げていることを示している。

瞑想時の集中状態に意志の力は不要

さらにプレヤーレンは、瞑想とは、いかに意識を集中させるかが鍵であり、集中する際には、想念による意志の力は必要ないと言う。

彼らの教えが書かれたビリーの著作『瞑想法』には、次のようにある。

実際、瞑想で意識を集中することにより、人は望むことをすべて達成することができます。

………………

そのためには、目的を意図し、到達しようとする前に、まずは瞑想そのものを根底から徹底的に、その効果も含めて学ぶことが必要です。

これは、そもそも「瞑想全般」と「意識を集中させる瞑想」の基本です。

この過程を通して、意志は排除されるべきです。なぜなら瞑想とは、想念によって強引に意志を押し通そうとするのではなく、目標を定め、純粋な集中力によって、それに到達しようとすることだからです。

設定した目標、あるいは単に選び出した対象物を、ただそれのみに限定して集中すべきです。

………………

要するに、瞑想によって願望が実現できることは間違いないが、それを行う際、〝望む現実を引き寄せようとする強い意志による想念は全く必要ない〟ということだ。

「ロウソクによる瞑想法」でも、最後の21日目以降の段階で、ようやく願望をイメージしたのもこの理由からだ。

逆に、すべての想念を完全に排除し、単に集中することが重要だという。言ってみれば、「意志」や「意図」のような想念は、瞑想時の集中にとってのノイズのようなものでしかない。

プレヤーレンはこのノイズを「異想念」と呼び、次のように言う。

……………

この想念形態を「異想念」と呼ぶのは、それが、瞑想時に訓練しようとしている集中に必要なものではなく、集中にとって異質だからです。つまり、異想念は、瞑想時の集中には不必要です。

……………

では、一切の想念を排除した瞑想とは、どのように行うのだろうか？

先のロウソクやガラス玉などを使った方法は、本格的な瞑想に入る前の、いわば準備段階のようなものである。この準備を行った後、プレヤーレンが勧める「呼吸に集中する本格的な瞑想」を実行すると良いという。

かなりシンプルでありながら、なぜ、本格的かといえば、変性意識を引き起こすからだ。この変性意識の状態に入り、最後の方で紹介する「ステップ2：変性意識状態で未来のビジョンを受け取る」を行うと、現実が好ましいものに変化し始めるという。つまり、2つの瞑想法のステップを踏む。

プレヤーレンによると、いったん現実化の過程が始まると、現実を好ましい方向に変化させるには、3日から7日しかかからないとしている。

霊的自己と一体化して現実を変化させる「集中瞑想」

ステップ1 「集中瞑想」で霊的自己のインパルスを受け取る

【ポイント】

● 最も簡単な瞑想法は、呼吸から入る方法である。これにより、呼吸をはっきりと認識できるようになる。

●この瞑想（訓練）の目指すところは、鼻を通して行う呼吸に集中しつつ、自分の身体感覚を観察すること。

【やり方】

●呼吸がどのように作用するのか、つまり鼻から息を吸い込み、それが鼻を通り抜け、再び鼻から出ていくのを単に観察する。

●訓練に集中しつつ、次の状態を意識すること。
鼻から空気を吸い込めば、それが鼻の奥深くへと吸い込まれ、消えていく。

鼻から空気を出す時には、空気が鼻の奥から鼻の穴の入り口へと滑り出て、そこで途絶えるのを感じる。

＊これが、初心者が最初に体感しなければならない、集中状態である。

【霊的自己のインパルスを受け取った時の身体感覚の変化】

●「集中瞑想」の初心者が、最初の段階で早くも「真の集中状態」に入ることがある。

その場合、突然、足や腕や手、胸、頭、あるいは全身の感覚がなくなったように感じる。つまり、自分で制御しているのが感じられなくなる。

●その場合、瞑想のプロセスにおいて全く自然なことであるため、恐れなくてよい。

体の一部、あるいは全身を認識したり、知覚できなくなることは、一定の集中度に達した時に起こる現象である。

●これは、「異想念」が、もはや集中状態に入り込まなくなった場合のみ、起こり得る。「真の集中状態」に入り、単に感覚だけの存在となり、自分の身体感覚を把握できなくなることに起因している。

●したがって、その瞬間、その人は〝純粋な霊の領域（霊的自己）から操作される感覚のみ〟で成り立っている。

そのような時、思考は存在せず、感覚のみが存在するのが感じられる。それは明確な認識であり、洞察であり、観察である。

この状態が霊的自己と繋がっている「真の集中状態」であり、何か特定のものに集中することで、引き起こされる。

瞑想がここまで深化して、集中力が強まると、現実を変化させるための具体的なステップが可能になる。

次の段階は「洞察」だ。これは、集中する過程を通じて、「過去」か「未来」を見ることを意味する。静止した映像として、あるいは映画のように繋がった連続映像として、それを見たり把握したりできるようになるのだ。

プレヤーレンが勧める方法は、次のようなものだ。

ステップ2 変性意識状態で未来のビジョンを受け取る

1「ステップ1：『集中瞑想』で霊的自己のインパルスを受け取る」で、身体感覚がなくなった時に、以下のことを意識する。

2まずは、〝幸せに過ごしている未来の自分になるための情報を受け取る（見る）〟と意識する。

*過去に対しても、情報を受け取ることができるが、ここではあえて、未来の情報を受け取ることをテーマとする。

3すると、最初はゆっくりと、途切れ途切れに静止映像が現れる。それを、毎回観察する。

4瞑想が上達するに従って、次第に静止映像が現れる間隔が狭まり、やがて動画となっていく。それを観察する。

5「集中瞑想」を終えた後、それらの映像（事象）を継ぎ合わせて、そこから意味を見出す。

このステップを通して、幸せな未来を実際に創り出すことが可能になるという。

人類の意識進化のためには、このような瞑想を通して一人ひとりが霊的自己のインパルスを受け取り、自分が肉体を超えた存在であることを体感するのは、大いに意義がある。

自分の持つ計り知れない可能性に触れられるこの瞑想法を、ぜひ、試してみてほしい。

第6章
意識進化のための
プレヤーレン・メッセージ

霊的進化を促すプレヤーレンの教えのベースにあるのが
この宇宙を創った「創造」の力にある。
それがどのようなものか、どのくらい不可欠で深遠なるものかを
かつてセミヤーゼが人類に向けて伝えている。
そのメッセージから、「創造」の力を感じ取ってみてほしい。

霊的覚醒を刺激する深遠なる教え

人間の心の内奥には、「創造」と呼ばれる偉大な力が眠っている。それを覚醒させることが、すべての問題の解決に繋がるとプレヤーレンは言う。

その引き金となる「創造」のパワーの片鱗に触れる方法として、この章では、セミヤーゼのメッセージを紹介したい。

かつて1975年に、ビリーの質問に答えるべく伝えられたこのメッセージには、プレヤーレンの叡智が凝縮されている。その叡智とは、彼らが本来の聖書だとしている『タルムード・イマヌエル』のエッセンスも言える。

それを告げるセミヤーゼは、プレヤーレンが認定した「知恵の女王」という称号を持つほどの、卓越した知能の持ち主だ。このメッセージを読めば、それが感じ取れるだろう。

メッセージの中に頻繁に登場するのが「創造」という言葉だが、かなり難解な概念のため、この章の最後に「説明コラム」を設けた。まずは、そのコラムから読み、次にメッセージを読むと理解しやすいと思う。

当時、ノンストップ状態で語っていると思われるこのメッセージの膨大な情報量には、圧倒される。ここでは半分ほどを抜粋し、要点が分かりやすいよう、適宜タイトルを入れた。半分ほどのボリュームにしたとはいえ、それでも霊的覚醒を促すエッセンスやパワーが十分に感じられるはずだ。

このメッセージを一部の人に紹介したところ、「不思議と雑念が消え、安心感に満たされた」「ハートが自然と広がるような感覚を覚えた」などといった感想をいただいた。

頭で考えて理解しようとするよりも、心がどんなふうに反応するかを感じてみてほしい。

「第10回コンタクトレポート」より

1975年3月26日（水）15時20分　◆コンタクト相手：セミヤーゼ

https://www.futureofmankind.co.uk/Billy_Meier/Contact_Report_010

※中略した箇所は、「＊」とした。

※原文ではかなり難解な表現が多いため、ここでは若干分かりやすく表現している。

今こそ、地球人の意識と精神の発達の面で、非常に重要な事柄について話す時です。

＊

人間は、深い眠りの中でも決して眠ることのないスピリットの持ち主であり、すべての思考と衝動を記録しているスピリットに注意を払うことができれば、自分が考えていることが正しいか、間違っているかを教えてくれます。
人間の中にあるこのスピリットは創造領域の担い手であり、
すべての人間が宿すものです。

◆幸福を叶えるスピリットのパワー

大地と地球は過ぎ去っても、「真理・知識・叡智」という本質とスピリットは、
決して変化することなく、過ぎ去ることもありません。

＊

人間は、奇跡の世界を創造することができます。
人間にとってこの能力は、その人の意識から芽生えるものであり、
奇跡を起こす力がその人の中にあります。

＊

それゆえ、古代の哲学者たちは、人間を大宇宙の中の小宇宙として語りました。
宇宙にあるすべてのものは、人間の中にも存在するからです。
人間がその内側に宿すものの次元は、無限です。

まるで天地創造の時のように、その人のスピリットは
すべての次元を含むと同時に、すべての次元を超越しています。
スピリットはあらゆる奇跡の中の奇跡であり、そこからあらゆる力が生じます。
奇跡とは、スピリットのパワーを成就のために使うことを意味します。

人間は、論理性を欠く出来事を奇跡と言いますが、
幸福とは自分で創り出すものであり、
決してどこかにあるものではありません。
喜びは、人間の内面から生まれます。
すべては、その人の内面から生まれます。
その人が意識的に幸福に向かって努力しているのなら、
自分の幸福を創り上げてくれているように見える物や他人は、
幸福を表現するための外的要因にすぎません。
幸福は、人間の最も内側に宿るスピリットの性質に属するものであり、
天地創造とは切り離せない属性です。
尽きることのない幸福とパワーが、人間の中に宿っています。

◆老いや悲しみからの解放

人は外見的には老いていくかも知れませんが、これは過渡的なものにすぎません。
50年前はまだ老いていなかったし、50年後の死後も老いることはありません。
なぜなら、老いるのは肉体だけだからです。
スピリットは永遠に若いままで、老いの兆候が見られることはありません。
年齢とは、若さ、悩み、悲しみ、問題事のようなもので、
世の中にある外的状況や経験と同じように、ただ過ぎ去るものです。
永続するものは、スピリットと「真理・知識・叡智」という本質です。
それらを認識し、培うことが必要です。
なぜなら、それらだけが人間を自由にするからです。
人間が自らのスピリットという存在を認識するなら、
老いはもはやその人に影響を与えることができません。
心配事、問題、取り巻く環境、世界の変化も、
その人を悲しみに陥れることはできないでしょう。

◆不変の真理「創造の法則」

叡智とは、宇宙を創造した大いなる力です。
叡智の本質は光です。光が照らすところでは、闇と未知が消えます。
未知なるものこそ真の闇であり、それは叡智の光によって克服されます。

＊

宇宙にはすべてを創造する存在がいて、
その存在は、自らのパワーからなる「創造の法則」に従います。
「真理・知識・叡智」という本質として、
無限の法則に絶えず従い、生命を与え、創造します。
この力ある存在こそが、「創造」です。
したがって、宇宙のあらゆる場所を支配する存在はただ一つ、
すなわち、「真理・知識・叡智」という本質であり、
それは永遠の時代にわたって同じであり続けます。
永遠の真理は、いかなる変化もせず、その法則は決して修正されることも、
新しい時代に適応させる必要もありません。
この霊的な力は、力強くダイナミックな生命力であり、

それ自体に叡智を宿しています。

*

叡智はスピリットとして、人間の中に宿っています。

したがって人間は自分の意識を通して、叡智という本質を増大させるべきであり、それに応じて、自分が創り出したものを知ることができます。

それゆえ人間は、真理への探求を増大させるべきであり、それに応じて、知識が持つ本質的な力について知ることができます。

真理を認識することは、あらゆる制約からの解放をもたらします。

それは、無限の知識と叡智をもたらします。

◆本当の愛を知り、広める

愛に満ちた人は知識も豊かであり、知識が豊かな人は愛も豊かです。

しかし、人間は、愛を知らないがゆえに、自分自身を欺いています。

所有欲やその他の衝動的な感情を愛と解釈し、本当の愛を理解できないままです。

「真理・知識・叡智」という本質を認識し、それらによって創造するまでは、人は「真の人間」ではありません。
愛があるところには、知識もあります。
なぜなら、「創造の法則」とは愛であり、同時に叡智でもあるからです。
知識と叡智があるところには、愛と認識があり、
認識と愛があるところには、創造があります。
愛と叡智の本質を育むことは、創造することを教えてくれます。

＊

人は、自分が知らない愛について語ります。
自分が愛を知っていると信じることによって、自分自身を欺いています。
愛は言葉で表すことができません。

＊

霊的な教えにおける任務とは、
「真理・知識・叡智」という本質的なものと愛を広めることです。
それはまた、死を克服し、光を広めること、
永遠で不滅なもの、平和を広めることです。

◆霊的な生き方・恐れのない繁栄する人生

人間の肉眼で見える世界は、無限の中の、ほんの小さなものでしかありません。
目に見えない世界は、その人の知性と理解力では推し量ることができず、
理解もできず、想像を絶するものです。

＊

そして人間は、この計り知れない大いなるスピリット、
つまり、「創造」という霊的知性の力と繋がっています。
なぜなら、この「創造」という霊的知性の一部が、
霊として人間の中に宿っているからです。それが、命を与えています。

＊

この真理を知り、そこから「知識と叡智と愛」という本質を
創造する人間だけが、繁栄します。

＊

なぜなら、人間は「真理・知識・叡智と愛」という本質を通してのみ、
霊的・意識的に成長できるからです。
それによって、あらゆる弱点から解放されます。

＊

人間の物質的意識は通常、物質世界の個々の物事のみに関心を持ちます。
このことは、人間があらゆる方面で制約を受け、妨げられ、
あらゆる種類の不幸や弱点、服従化によって捕らえられ、抑圧され、悩まされ、
精神的拷問を受けるという結果をもたらします。
それゆえ、個々人が自己分析することは、真実を発見し、
霊的進化の道を歩むための最も重要な方法の一つです。
したがって、人間は自分の考えを絶えずチェックし、
それが本当はどのようなものかを知ることが必要です。
人間は、究極的には、常に「創造の原理と法則」によって導かれ、
運命づけられていることを確認しなければなりません。
人間は、自分が創造的なもの、霊的な存在に属しているという
意識的な感覚が、常に支配的であるべきです。
すると、自分という霊的存在が創造の力と一体であることが分かり、
物質世界を克服できるようになります。

＊

果てしない宇宙の中で、ネガティブなものは何一つ、
もうその人に影響を与え、服従させることはできないのです。

＊

「創造の霊的法則」に従って誠実に生きている人は、あらゆる生命体、
あらゆる物、あらゆる思考と行動、あらゆる人間、あらゆる自然の活動、
想像しうるあらゆる状況と出来事の中に、創造の力を認識します。
しかし、普通の人は、宗教などの非現実的な教えによって、
単純な視点しか持たないため、真理のほんの一片さえも認識できません。

＊

「天地創造の法則」に従う人は、最も繁栄し、恐れのない生き物になります。
その人の意志は乗り越えられないほどであり、
その人の献身は測定不能で無限であり、
その人の知恵と愛は永久的に完全に発達します。
その人の感覚は、広大で果てしない海に似ていて、
自らの静寂さから抜け出すことを許しません。
不安から震えることもありません。

その人の霊的な感覚は発達し、どんなに変質した否定的な力であっても、もはや到達できなくなります。

◆霊的存在の視点から仲間を見る

人間の外側の性質は、限界に満ちています。

なぜなら、それは「内なる核」の性質そのものではなく、その殻である物質的な体によるものだからです。

それは、限界や妄想に繋がる事柄や苦痛の元になり、自由と愛と幸福において制限されています。

もし、人が自分の仲間を外見や物質面でしか見ていないとしたら、その人は、特定の人物の姿形と物質的な面以外は、何も見えていないことになります。

しかし、もし人が、意識的に「霊的な視点」で仲間を見るなら、そして、自分の中にある「すべてを見ることができる意識」が他者の中にも存在することを知るなら、仲間を見る目が根本的に変わります。

その時、その人は仲間に対し、

もはや単に、男・女・少女・子どもなどとして見るのではありません。

〝自分自身のことを、すべての人を通して知りたいと願っている

「創造」という霊的知性〟として、仲間を見るのです。

真理を知る者は、この認識に基づいて同胞を見ます。

同胞の中に、「創造」という霊的知性を見るのです。

＊

その人は、すべての財貨や財産を奪われ、家を追い出されることになっても、

最も内側にある霊的領域から追い出すことは誰にもできません。

それゆえ、人間は「創造」という霊的知性を常に意識しなければなりません。

◆スピリットと創造による発展的な人生

自己認識により、自らの中を観察し、すべてを記録するのが霊的意識です。

それは、自らの考えや衝動を見つめて考察します。

スピリットは全知全能であり、その先にある限りない幸福、限りない美、

限りない価値（あらゆるものの価値）を何度も考えます。
創造することを絶対的な意義とし、
進化に基づく発展的変化を自らにもたらすようにします。
「スピリット」と「創造」という言葉が印象づけられるたびに
その人の中に、意義ある大きな心理的変化が起こっていきます。
その人の感情とすべての感覚が変化していきます。
これにより、その人の知性がより明晰になっていくほど、
人格は力を増し、人生はより豊かなものになります。

＊

人間社会の規則をいくら正確に守っても、
人は「宇宙の法則」と「創造の法則」に絶えず反することになります。
苦難や悲しみ、恐怖、誤解、不幸、何かへの隷属化などに、
自分を巻き込むことを許すことになるのです。

◆世界と自分とを同一視する

すべてのものの中で最も価値あることが、
非現実的な宗教や無知によって、達成不可能なものとなっています。

＊

人間は、日常生活のすべての物事と自分の経験を、
創造の力に関するものとして受け取ることが大切です。
人間は、どのような場所や時代でも、
あらゆるものの中に自分自身を見ることが大切です。
自分自身がすべてであり、その中にある創造の力を目覚めさせ、
それを認識し、経験できるようにすることです。
なぜなら、創造はすべてのものの中に宿り、
すべてのものは「創造の力」によって生かされているからです。
唯一の問題は、もし人間が霊的な道を知らなければ、
どのようにしてすべてのものと一体化できるかということです。
一般的に、人間は自分の身体と自分を同一視しています。
宝物のように大切にし、栄養を与え、自己犠牲を払ってまで悩みます。
プライドと虚飾と無意味な妄想で、身の回りを囲み、

それによって意識が薄れるのを許してしまうのです。
ちょっとした胸の痛みのために、他人に対して怒り、不機嫌になったり、
愚痴を言ったり、涙をこぼして自己憐憫に陥ることで、
自分の人生を奪ってしまいます。

＊

一方で、霊的な真理を認識した人は、何をするのでしょうか？
世界や宇宙のあらゆる生命体と自分とを、同一視するようになります。

＊

最も内奥のレベルで、その人は
自分の霊的意識と宇宙のすべてのものを同一視します。
ひとたび宇宙のすべてのものと一体化したなら、
もはや利己的な区別をせず、憎しみも貪欲も自分の中に宿ることはありません。
なぜならその人は、すべてのものに存在する「内なる核」の性質と一体化するからです。

＊

霊的なものに関して考える人は、安全で守られ、
自然界全体がその人に友好的になり、

その人の敵でさえ、最終的にはその人に仕えなければなりません。
たとえ攻撃されても、その人は意識に基づく力を
さらに大きく発展させることで、すべての悪を克服します。

◆真の創造と無限性の目覚め

短期間しか続かないものは、危険であり、ごまかしであり、不条理な教えです。
創造と真理は、今日も明日も常に同じであり、永遠に同じ価値であり続けます。
天地創造と真理は名もなく形もないため、名前も形も変わりません。
これだけが真理なのですから、人間は創造的なものを堅く守ることです。
真理とは不滅であり、天地創造のようなものであり、永遠であり、
人間があらゆるエネルギーと意志をすべて投資するに値するものであり、
そうすれば、人はいかなる罠にも陥りません。
開拓されるべき精神と意識は、その人の中にあり、他の場所にはありません。
自分の思考と行動によって、精神と意識を育まなければなりません。
このような認識から、その人の態度は威厳あるものとなり、同時に、

その人とともにあるすべてのものも威厳あるものとなり、
その人の足の下の地面さえも威厳あるものとなるのです。

＊

「真の創造」を考える人にとって、時間はいつかではなく、
常に目の前の現在にあります。
そのような人にとって、真実を見るのに物理的な目で見る必要はありません。
なぜなら、結局のところ、その人のスピリットがすべてを見通すからです。

＊

あらゆる状況は「創造的な状況」であり、あらゆる機会は「創造的な機会」です。
創造を意識する人は、このような認識の中で生き、働き、
それによって内的に進歩します。
真理を認識することによって、無限が有限の中に宿るのです。
なぜなら、真理を認識する時、無限なるものが有限の中に宿るからです。
すべての人の中に、終わりのない無限なるものが宿っています。
無限を目覚めさせるには、論理と非現実的な教えから解放された状態が必要です。
終わりのないものを目覚めさせ、それを有効にすることが、人生の頂点です。

それは高い意識に基づき、霊的な絶対的な充足感を得ることです。

◆無限と有限・愛に導かれる人生

人生において真実を得るために、
人は霊的なもの、無限なるものを保持し続けなければなりません。
制限された限界のあるものはすべて、問題を生み出します。
どんなに魅力的に見えても、いつか問題を引き起こします。

＊

有限であるものはすべて、問題と困難を伴います。
有限であるものは常に、何らかの欠乏状態に悩まされます。
人が有限のものを愛したり所有する場合、
それは少なくとも、儚いものであるという欠点を持っています。
人間の愛の感覚によると、どんなにそれを愛していても、
その時期が来れば、それは過ぎ去り、それを失ったことを嘆きます。

＊

一方、制限のないものは、絶対的なその価値が永続し、決して変化せず、変化の犠牲になることはありません。叡智と真理がその人の中で夜明けの光を放ち、霊的な叡智が増大します。普遍的な愛に導かれ、人生が自分と他者のために繁栄する時、真理が自らの中で熟します。

＊

したがって、無限の力である霊的なものを、常に意識して生きなければなりません。そうすれば、決して無力になることはありません。

プレヤーレンは、このメッセージの内容を人々がものにしてほしいと願っている。自分たちが引き起こした問題を乗り越えられる意識レベルになること、自分の中に宿る無限性に目を向けることを、強く促しているのだ。

コラム

覚醒のスイッチが入るノコデミオンの書『真実の杯』

意識覚醒のためのさらに本格的なツールとして、ビリーは『真実の杯』という本も書いている。

ビリーが171日間、人里離れた場所にこもり、超人的なスピードで書き上げたというこの本のクオリティに、プレヤーレンたちも大いに驚いたそうだ。

この本は、〝読むだけで覚醒のスイッチが入るコードが埋め込まれている〟とされ、ノコデミオンの本来の教えが凝縮されている。具体的には、エノク、エリヤ、エサヤなど、歴代の大預言者6名の教えである。

ドイツ語版と英語版があるが、ドイツ語でないと覚醒のスイッチが入らないらしく、FIGUの関連サイト「Future Of Mankind」にはこのように説明されている。

ビリー・マイヤー著『真実の杯』。「Future Of Mankind」のサイトには、日本語に訳されたものも掲載されている。

英語版ではなく、ドイツ語版（オリジナル）が重要です。ドイツ語版のみが「コード化」されています。文章を読んだり、聞いたりすると、すぐにコードが作動し始めます。

それは、インパルスペースであり、インパルス／衝動に基づいて機能する人間のあらゆるものに、影響を与えます。各細胞や遺伝子に対しても同様です。

（中略）

プレヤーレンの言語科学者によれば、地球上の他の言語は、精神的な教えを伝えるにあたり、ドイツ語ほど正確ではありません。

＊　＊　＊

興味があり、なおかつドイツ語が理解できる人は、ぜひ目を通してみることをお勧めしたい。

コラム

プレヤーレンの宇宙観の基本概念「創造」とは?

「創造」とはプレヤーレンの哲学の中でも中心的な概念であり、すべての存在の根源なるものを指す。それは万物における進化と切り離せないものであり、人類の意識の進化にも大きく影響している。

この「創造」の概念について、ビリーは次のように解説している。「Future Of Mankind」のサイトの中から、一部を抜粋しよう。

●創造とは何か?

https://www.futureofmankind.co.uk/Billy_Meier/God-delusion_and_God-delusion_Insanity

「創造」とは、巨大で中立的で、エネルギー的で、進化的な存在です。存在そのものではなく、純粋で自然なエネルギー状態であり、進化的な活動をする霊的エネルギーです。

それは、霊（スピリット）としての純粋なエネルギーであり、光の放射エネルギーであり、人格化した存在ではなく、超人的な形の神性でもありません。

「創造」は、人間や他のすべての生物、全宇宙と同様に、それ自身の進化における自然な産物です。この世界に存在するすべてのものは、「創造の自然法則」による進化の結果です。

その進化のエネルギーはすべての物質よりもはるかに高く、その純粋なスピリットのエネルギーは人間よりも計り知れないほど高いレベルにあります。そのため、人間が何らかの形でコミュニケーションをとることは不可能です。

「創造」には進化の法則が存在し、人間の意識もこの法則性に合致して進化しなければならないとしている。

先の説明には、次のようにある。ビリーの著書からの引用である。

●人間も、「普遍意識」の中にある他のすべての創造物も、その法則に縛られていて、原因から結果を得るという進化の振動の中にある。

●人間は、自分自身とあらゆるものに対して全責任を負っている。

●人間は、自分の思考・感情・行動を通して、自らの運命を決定する。

●犠牲や服従や征服は、意識の進化を阻む。それらは、意識を粗い振動領域（オーラの色としてはピンク／バイオレット）にとどめる。

●地獄は場所ではなく、人間自身の中にある。それは、メンタルブロック（＊）の中にあり、間違った思考や感情を人間自身が創り出している。

＊ここで言うメンタルブロックとは、自らの内奥に宿す精神性のことを指す。

●楽園は空の上ではなく、むしろ人間自身の中にある。つまり、心の中にある善良で美しい思いと感情によって創り出される。

●すべての人間は、望む思考や感情を自由に培うことができる。

●いかなる人間も、他者に対して悪事を行う権利や、いわれのないことを行う権利はなく、誰かを殺害する権利もない。

●また、誰かが命を絶つことで、別の誰かが罪から解放され、それぞれの罪が取り消されるという考えは、非論理的である。「創造の法則」は、これを許さない。

終章

テクノロジーを介した支配とビリーの身に起きた物語

世界がこのようになってしまった背景には、
人口問題のほかにも、複雑な要因がからんでいる。
ここでは、光と影の、まさに影にあたる情報を紹介しよう。
人類の意識覚醒に向けたビリーの活動は、
はたからは伺い知れない決意と献身を伴うものだった。

宗教的な想念が意識の進化を阻んでいる

ここまで読んでみて、いかがだっただろうか。人類は意識が退化し、確実に滅亡に追い込まれていることや、プレヤーレンが地球を去っていく理由、個々人の意識をいかに引き上げればいいかについて紹介してきた。

中でも、人類が窮地に追い込まれている最大の原因となる、人口増加と宗教的な影響に関しては、あまりに複雑で先の章では解説しきれていなかった。

日本では少子化を辿っているが、世界全体から見ると、人口増加に伴い、さまざまな問題を誘発している。この背景にあるのが、実は宗教的な負の想念エネルギーだとプレヤーレンは言う。

そこで、ここでは、人口増加と意識の退化を引き起こす宗教的影響について見ていくとともに、ビリーの身に起きた想像を絶する現実的な問題に触れていきたい。

ところで、プレヤーレンの言う「宗教」とは宗教全般のことではないようだ。産児制限に否定的な宗教を指摘しているので、明らかにキリスト教のことだろう。

さまざまな宗教に細かく言及しているコンタクト記録もあるものの、キリスト教に対する非判が際立って多い。彼らが単に「宗教」と言う場合、それはキリスト教を指すと考えて間違いない。

さらにプレヤーレンは、現在のキリスト教は、悪意ある地球外生命体が人類を支配するために作り上げたものだとしている。イエスは確かに実在したが、本当の名前はイマヌエルであり、その教えはヨルダンで発掘された古書『タルムード・イマヌエル』に記されているという。

こうした経緯があるので、プレヤーレンのキリスト教批判は手厳しい。

彼らによると、神や天使の存在はなんの根拠もない幻想らしい。この幻想のために、人類は厳しい現実の中、解決策を模索できない状況に追い詰められているのだという。

いかに宗教的思想から解放されるかが、この先の明暗を左右すると言ってもよいのだ。

では、早速、プレヤーレンとビリーが交わす数々の会話を見てみよう。

「第31回コンタクトレポート」より
1975年7月17日（金）10時14分　◆コンタクト相手：セミヤーゼ
https://www.futureofmankind.co.uk/Billy_Meier/Contact_Report_31

◆宗教が引き起こす5つの害

1 宗教は人間が他人に命令し、抑圧し、搾取するための原始的な策略に過ぎず、意識状態の弱い生命体だけが屈服するものです。

2 宗教という悪意ある誤った教義に耽溺すると、人間の意識状態はますます衰え、最終的には底なし状態になります。

3 地球は天の川銀河の中で、宗教を持つ唯一の惑星です。宗教は人々の生活と福祉を支配し、この世界の精神的発展を何千年も遅らせています。

4 霊的進化のあらゆる側面が宗教によって阻まれ、真の進化を不可能にしています。

5 宗教には本来の価値ある部分が含まれてはいますが、それがあまりにも影を潜め、少数の人たちだけがその中に意義ある真理を見出せています。

このように、意識の進化を阻むものとして宗教の害を挙げている。

宗教が生み出す想念の電気的エネルギーの実害

次のコンタクト記録では、宗教による思考のエネルギーは、非常にネガティブな影響を及ぼすとしている。

「第579回コンタクトレポート」より
2014年1月16日（木）15時3分　◆コンタクト相手：プター
https://www.futureofmankind.co.uk/Billy_Meier/Contact_Report_579

◆人々に影響を与える蓄積された思考のエネルギー

ビリー　意識はまた、人間の思考や感情によって生み出される独自のエネルギーを創り出します。

例えば、信仰によって同じように考え、感情を抑制する者が何百万、何十億人いるとします。そうした思考エネルギーは、特に教会や寺院、モスクなど、宗教的実践が行われている場所に蓄積します。

その蓄積された信仰のエネルギーが、その場所を訪れる人に非常に強い影響を及ぼし、その波動の影響を受けた人は気づかないうちに、ますます信仰心をかきたてられます。

こうしたエネルギーに抵抗する者は、途方もなく強い力に攻撃され、脅かされることになるのです。

（中略）

私は、宗教のエネルギーとその波動により、〝生命を脅かされる深刻な経験〟をしたことがあります。これが、私が最も説明したかったことです。

プター　そのような有質なエネルギーと波動に関してですが、宗教に夢中になって書物を調べたり、それに関する文章を書いたり考えたり、宗教的な品々を集めたりすると、誰でもあなたと同じような影響を受けます。

こうした「変性したエネルギー振動」は、ゆっくりと生み出され、正しいものとして認識され、その人が持つ善良で秩序ある態度や行動などに影響を与えます。それまで培われてきたことや秩序やルールが放棄されていくのです。

これは、一度下した善き決断・指針・行動を、ゆっくりと疑い始め、それらから自分を切り離し、宗教からくる負の波動と衝動に無意識のうちに呪縛されることを意味します。

こうしたエネルギー的・波動的な影響を受けた人は、自らの価値観や自分との関係性を見失うようになります。それまでは、理性と責任感で築き上げた行動を、正しいものとみなしていたにもかかわらず。

この事実に本人は気づかないため、彼らに説明しても否定されます。

以上のようなエネルギーに対抗する唯一の方法は、理性ある態度と価値ある健全な行動へと、自分自身を方向づけることです。そうしなければ、現状を改善できず、真理から遠ざかることになり、よくない結末となります。その人は、「自己矛盾」の中で生きることになり、意識の進化に影響するのです。

◆有害な波動が世界中に広がり「新たなピーク」へ

プター　宗教が作り出すエネルギーの振動と波動は、非常に長い間、地球上に蓄積され、それが世界各地で政治的な戦争や宗教戦争、テロや数百万人の死へと繋がっていきました。

地球上の世界史は、このような残虐行為に満ちています。古代においても、神に対する信仰は非常に危険な力に発展し、〝それが大気によって地球規模で広がって〟います。その力は、現在から未来にかけて「新たなピーク」に向かっています。

したがって、宗教から生まれるエネルギーの振動と波動により、すべての人間が思考と感情、心と理性、行動にマイナスの影響を受けます。必然的に、自分の心と理性に逆らうことになるのは避けられません。

影響を受けた人は、「私が行っていることは自分や他人の利益になる」と思い込みます。こうして人類は長い間、世界中に広がり、巨大な力へと発展した宗教的なエネルギーとその波動に魅了されてきました。

特に、信仰上の思い込みが強い人は通常、「自分は仲間よりも優れている」と考えています。しかし、ほとんどの場合、自分の思考や感情をコントロールできないため、宗教が生み出すエネルギーや波動に弱い状態となり、逆に宗教のエネルギーから強く攻撃されることになります。

（中略）

宗教が生み出すエネルギーや波動が地球上に広がることで、憎悪やテロや戦争などの悪の源となり、犠牲者を出します。現代ではそれがますます激しくなったため、人々は宗教から自由になろうとし、宗教の方では信者が逃げ出さないよう多大な努力をしています。

その努力が、「有害な波動の問題」を以前よりも悪化させています。新しい信者が増えるたびに、宗教のエネルギーは大きくなっていくからです。

今日、実に70億人近くが、宗教中毒になっています。そう考えると、とてつもなく強力な信仰のエネルギーが、過剰人口をさらに加速させる要因にもなっています。宗教のエネルギー的な波動は、「子孫を残すように」と、人々の無意識レベルに強く働きかけるからです。

しかしこのことは、地球人には全く理解されていません。

プレヤーレンの科学の基盤になっているのは、波動と振動数、周波数への認識である。人間の思考や想念も、特定の振動数を持つ物理的なエネルギーの一種として捉えている。

宗教的な想念のエネルギーが拡散することで、結局は「子作りは権利である」という信念を強化し、人口問題を悪化させるという。

次のコンタクト記録では、「宗教が作り出すネガティブなエネルギー」の仕組みが、さらに詳しく説明されている。

「第578回コンタクトレポート」より

2014年1月9日（木）22時48分　◆コンタクト相手：プター

https://www.futureofmankind.co.uk/Billy_Meier/Contact_Report_578

◆送電網を通して世界中に拡散される負のエネルギー

私たちプレヤーレンが解明したことを聞いてください。

宗教が作り出す狂信的なエネルギーは、神格化という妄想に冒された人間の数の何十億倍も放出され、蓄積されていきます。

それらは巨大なパワーとなり、電磁気的なエネルギーとして世界中に蓄積され、あなたが私に繰り返し説明したような現象を引き起こすのです。

宗教的な想念が電磁気的なインパルスを発し、それが電気の大型装置、特に発電所の発電機、変圧器、配電所に吸収され、そこから送電網を通して広がります。宗教的な行為がなされるところでは、多様なマイナスの影響が生じるのです。

　このようにして有害なエネルギーは、過去にあなたが何度か説明したような方法で、思い込みの強い信者から放たれて、問題事を起こす要因となります。

　この強力なエネルギーは、あまり信仰心がない人間に対しても、何十億倍もの直接的な影響を与えます。

（中略）

　電磁気的な性質を持つ「宗教的思想の波動の力」は、運び広める働きをする「電気の波動」と結合します。

　世界中のさまざまな電化された設備が、危険なこの波動をあらゆる場所に広るための最高の媒体となります。その波動は同様に、あなた方の携帯電話を通して、その持ち主へと伝わります。


　宗教的な想念の作り出す電磁気的なエネルギーが、発電施設によって増幅され、送電線や携帯電話を通して世界に拡散するとは驚きだ。どれだけ多大な影響を受けているのか、もはや想像もつかない。
同じコンタクト記録には、次のようにもある。

その昔、人間の数が少なかったため、すべての影響が小規模でした。それに対し、現代では数十億人いることと、電気が完全に全世界を包み込んでいることから、攻撃的な波動を無制限に増幅し、拡散しています。残念ながら、技術的な方法でこれらすべてを打ち消すことは、私たちプレヤーレンでも不可能です。
唯一効果があるのは、すべての宗教的な信念を最終的に消去することです。地球人が真実の教えを学ぶことで、理解と理性をもって立ち向かわなければならないでしょう。

プレヤーレンが地球の出来事に介入することは、まずない。ということは、われわれの努力で、キリスト教を中心とした宗教的な幻想から自由になり、人口過剰の問題と取り組まなければばならない。

しかし、その時間はもう残り少ないというのだから、相当に険しい道だ。

電子機器によるマインドコントロール

ここからは、人類の意識の覚醒のための任務を遂行するにあたり、ビリーがどれほど忍耐強く、強靭な意志をもって歩んできたかを紹介していこう。

ビリーは長年、ハッキングや狙撃未遂など、執拗なまでに悪質ないやがらせを受けていた。活動を妨げようとする敵対者たちの大元は誰なのか、プレヤーレンたちも長年突き止められずにいた。

だが、2023年になって、ようやく判明したのだ。それについては後述するとして、プレヤーレンによると、彼らはインターネット等を通して、巧妙な手口で人々の心理を操作したり、攻撃をしかけたりしているという。

ビリー自身も、数え切れないくらいの被害に遭っている。2011年、ビリーが住むスイスのFIGU本部で、彼が仕事に使うコンピュータが外部からハッキングされ、その後も度々起こった。

文字を入力すると、異なった文字に変換されたり、自分の意図していない文章が勝手に打ち込まれてしまう。

ハッキングしている者の正体をプレヤーレンが調査したところ、アメリカの諜報機関と協力しているある宗派が、人々のコンピュータを介してあらゆる人を監視している事実を突き止めた。

その宗教組織を介し、いかにして電子機器によるマインドコントロールが行われているか、現代社会に潜むリスクを感じさせられる内容だ。

「第512回コンタクトレポート」より
2011年1月1日（土）15時21分　◆コンタクト相手：プター
https://www.futureofmankind.co.uk/Billy_Meier/Contact_Report_522

◆テレビや通信機器の背後でユーザーを操作
ザフェナトパネーチ（プレヤーレンの一人）は、地球では宗教組織がある諜報機関と協力して、テレビやコンピュータ、インターネットを通じて、人々を思い通りに操っていることを改めて説明しました。

多くのテレビ機器やモニターが操作され、組織がそれぞれの機器が置かれている部屋を直接見て、すべてを観察したり聞いたりできるだけでなく、コンピュータも自在に操作できるのです。

これは、関係する組織が望めば〝コンピュータを外部からコントロールして影響を与えられる〟ことを意味します。

あなたが保管している宗教的な内容を扱った文章や記事や書籍に、明らかに間違った情報を挿入したり、重要な事実を削除するなど、彼らはあなたの仕事を妨害するためにコンピュータに侵入していました。

ですから、あなたはその影響を何年も受けてきたのです。コンピュータの妨害だけでも、大きな問題となります。

彼らの行為はさらに進み、テレビモニターやインターネットを通じてユーザーの生活に介入し、人々を操作しています。

この組織は、諜報機関によってあらゆる手段で守られています。操作された装置を介して人々の意識に入り込み、さまざまな面で行動を誘導するのです。

独自の諜報機関を持ち、人々の意識に働きかけて計画が実現するように誘導するこの組織は、明らかに一般的な陰謀論の「影の組織」とはニュアンスが異なる。

2018年のレポートでは、ある組織が電磁波や特定の波動を発することで、民族間の憎悪をかき立て、平和への努力を破壊するとしている。

「第705回コンタクトレポート」より
2018年3月14日(水)21時58分 ◆コンタクト相手：バーミュンダ
https://www.futureofmankind.co.uk/Billy_Meier/Contact_Report_705

◆通信機器を介した強力なコントロール

私たちがまだ知らないこの組織は、ヤナララとザフェナトパネーチ(どちらもプレヤーレン)が検出した電磁波や、非常に強力な波動が証明するように、世界中に影響を及ぼしています。

平和を乱し、憎しみを促す波動情報としてのメッセージをも運び、地球上の人々に悪意を抱かせるように影響を与えます。平和へのあらゆる努力を根本的に台無しにし、不可能にするのです。

加えて、ソフトウェアとインターネット環境における、これらの「揺れ動く波動」を通して、ハードウェアが操作されています。

テレビやラジオ、コンピュータ、インターネットシステムを通して、すべての人々に〝暗示的影響〟を与えて同調させ、上位エリートの策略に従わせることを狙っています。

このようにして、政治・宗教・軍事産業・経済・銀行・諜報機関、および同じような行為をするすべての組織のエリートは、個人に対しても全世界に対しても、平和や平等、自由を阻止し続けられるのです。

憎悪を人々に植え付けることで、平和と自己責任をもたらすあらゆる努力の芽を摘みます。


この内容によると、コンピュータやテレビ、インターネットなどを介して人々の意識に働きかけ、特定の行動をするように誘導する。つまり、人々の意識を操作することで、影の組織の計画を実現するように仕向ける秘密組織のようだ。

マインドコントロール装置については、ネットを丹念に検索すると、膨大な情報が出てくる。例えば、骨伝導を使って超低周波電磁波を照射すると、脳に直接指令を送ったり、対象となった人間は幻覚や幻聴を体験するという。

こうしたテクノロジーの研究所に在籍していた研究員たちの証言も、かなりある。このようなテクノロジーが本当に存在するなら、マインドコントロールは可能だろう。

ビリーにいやがらせしていた謎の組織

相変わらず外部からの攻撃にさらされ、コンピュータもハッキングされていたビリーが、プターに近況を話した。

いつの頃からか自分のコンピュータの中で、カルト組織や諜報機関から発せられる〝好ましくないこと〟が増えてきている、どうやら、数カ国の諜報機関とからむ世界的なスパイネットワークが、汚い手口を使っているようだと。

そのことについて、プターは詳しく説明している。

「第６６４回コンタクトレポート」より
２０１６年11月19日（土）14時57分　◆コンタクト相手：プター
https://www.futureofmankind.co.uk/Billy_Meier/Contact_Report_664

◆意図的に外部侵入されていたコンピュータ

そのスパイネットワークのシステムを通じて、ファックスや無数のインターネットデータや電話での会話が、当局・政府の官庁・企業・軍・あらゆる業種で登録され、盗聴され、解析されています。

この事実を明らかにしたザフェナトパネーチによると、ＦＩＧＵのような特定の組織、グループ、団体もスパイされる対象になっています。

このシステムは、会話の盗聴やファックス内容の記録などに使われるだけではありません。秘密裏に取得したデータは、衛星経由で別のコンピュータセンターに転送され、自動的に解析されるからです。

全システムはデータ収集だけでなく、特定の人物や企業、国家および当局の役人、軍、企業、個人などの監視にも役立っています。

しかし、あなたが2001年以来使用しているコンピュータ上で何度も起きている〝奇妙な現象〞については、このスパイネットワークに由来するものではありません。なぜなら、その現象は意図的な外部介入によるものだからです。それについては残念ながらまだ詳しく解明できていません。

その〝奇妙な現象〞について、以降の対話で明かされている。

「ウミゴス」のこれらのデバイスは、〝宗教的な信仰から生じる電磁エネルギー〞を収集し、集約させて強化し、それらを使用者へと送ります。その技術とは別に、物体が消えたりすることもあります。

シリアの黒服男も、密室から物体を盗むことができます。または、青空の下で宝石片や紙幣などを物質化できます。

続く会話でのプターの説明は、かなり込み入った内容なので、まとめよう。

アメリカという国家の背後には、影の政府や軍産複合体、宗教組織など複数の勢力が存在する。それらとともに「ギザ知性体」と呼ばれる存在に関係する者たちもいて、彼らは複数のグループで構成され、そのうちの一つが「11人のグループ」という集団である。

この集団は、宗教団体エホバの証人に紛れ込んで活動している。ビリーも彼らの攻撃の対象だった。

そして、ギザ知性体は人々をマインドコントロールできる電磁波装置を持っていて、エホバの証人もこの装置を使って、ビリーを攻撃していた。

彼らは装置も併用しながら、ビリーに対して24回の暗殺未遂を起こしていたらしい。大体、このようなことだろう。

キリスト教を介して人々を支配していた地球外生命体

では、アメリカの闇の支配構造の一角を担っているように見えるギザ知性体とは、何なのだろうか？

これについては、初期のコンタクト相手のアスケットが、1950年代に驚くような情報を提供をしている。この時、ビリーは16歳だった。

そのコンタクト記録の最後の方で、ラインホルト・シュミットという男性が登場する。彼は、カルフォルニアの穀物バイヤーで、「1950年代に地球外生命体とともにUFOに搭乗した」と主張した初期のコンタクティーである。

「初期のコンタクトレポート（ボリューム1）」より

1953年2月3日（火）　◆コンタクト相手：アスケット

◆ギザに基地を持つ地球外生命体と偽造した宗教用具

この地球外生命体は古代から地球人を支配するために、宗教を広げたいと常に考えていました。

何千年もの間、彼らはさまざまな種類の「宗教的な奇跡とビジョン」で地球人を欺き、宗教的な思い込みを維持させ、増大させてきました。

彼らはギザのピラミッドの地下に強力な基地を作り、その場所から「地球人の宗教的妄想を作り出すイベント」を実行しました。

当然ながら、彼らは巨大な宇宙船を安全な場所に持ち込む必要がありました。そのため、宇宙船を何千年もの間、保管できる地下格納庫を建設したのです。

彼らは、地球人の宗教的奴隷化に役立つ事柄を、地下から指示しました。そして、あなたがそこで見た「数十年前の用具」を作りました。（ビリーは、アスケットとともにこの基地に進入したことがある。その時、この地球外生命体が製作した〝キリスト由来の品々〟があるのを発見した：筆者註）

イマヌエル（キリスト）の真の用具と十字架は、長い間にすでに朽ち果てていたため、それらは偽造したものでした。その用具は本物に見えるため、専門装置を備えた専門家でも、認識できないでしょう。

あなたが見た生命体は、秘密基地の警備員であり、そこに迷い込んだすべての生命体を殺します。

彼は歪んだ放射線を発しますが、その技術レベルはかなり低く、私とプレヤーレンたちは気にすることなく、目に見えない状態でそこに入ることができます。

偽造した用具の働きにより、地球人は非常に短期間のうちに、邪悪な生命体の意図のもと、幻覚的な影響を受けます。

〝この地球人〟は、すでに邪悪な生命体の影響下にあります。多くの場合、彼はその影響によってトランス状態になり、自分へと送られてきたある種のイメージを受け取ります。

その際、彼は横になっていて夢を見ているような状態にもかかわらず、まるで現実に見たり、聞いたり、感じたりしているように知覚します。

目を覚ましている時の彼は、知人たちと同じように宇宙船の写真や映像にだまされます。邪悪な生命体が送ってくる本物のようなイメージは、現実世界に忠実に投影されるため、それを誰もがカメラで捉えることができます。

しかし、これらは例外なく、ぼんやりとしたホログラフィック像にすぎません。

ですので、この件の全体的な意味としては、こうなります。

ラインホルト・シュミットと呼ばれる地球人が、先ほどの幻覚を見せる手段によって自分に植え付けられたイメージや経験などを話し、広めます。

ギザの地下の地球外生命体は邪悪な目的のもと、キリスト教を維持するために、幻覚やホログラフを見せたのです。それにより、シュミットは彼自身と彼の説明を信じる人々をあざむくことになります。

　彼は自分がピラミッド内に実際、入ったことがないのを知りません。彼にとっては現実に思えることも、彼が宇宙船で飛行したと思えることも、それらすべてが策略です。


ところでシュミットがこれを経験したのは、1957年である。一方、アスケットとのこのコンタクトは1953年だった。

つまり、アスケットは4年後の出来事を述べていたことになる。おそらく、将来起こるシュミットの一件を例に挙げながら、邪悪な生命体が幻影を作り出し、いかに人間を操作するかを語ったのだろう。

ビリーが地下基地に潜入して判明した真相

アスケットは、ビリーが地下基地に行ったことを1953年に話していたが、実際にビリーが行ったのは1960年代初頭だった。

ビリーがアスケットとともにギザの地下基地に行った時の記録は、「FIGU」が出版している本に掲載されている。

基地はピラミッドの地下4000メートルにあり、ビリーは警備兵に遭遇したが、彼らはプレヤーレンによって眠らされていたので、無事に進入できた。

そしてビリーは、キリストが磔刑になった時の十字架や聖衣など、キリスト教の伝説的な品々を発見した。

ちなみに、〝現在のキリスト教のイエスと、実在した人物は異なっている〟とプレヤーレンは指摘する。実在したイエスの名前はイマヌエルといい、2章に掲載した「預言者としての歴史上のノコデミオン」である。彼は磔刑を生き延びて、長寿を全うしている。

この人物の活動と教えを記録した書物は、1960年代の初頭にビリーとギリシャ正教の司祭によって、レバノンで発掘された。その内容は「FIGU」によって出版されている。

プレヤーレンは、ビリーをギザの地下基地に案内し、彼らが保管している十字架や聖衣を見せることで、現在のキリスト教は邪悪な生命体によって作り出さたことを知らせたかったのだ。

邪悪な生命体を地球外へと追放したプレヤーレン

この邪悪な地球外生命体については、さまざまなコンタクト記録に分散して見受けられる。その内容を「FIGU」の関連サイト「Future Of Mankind」がまとめているので、ここに紹介しよう。

にわかには信じられない、奇想天外なスペースオペラのようだ。読みやすくするため、意味を変えないよう、若干手直ししている。

◆地球人の支配を目指した地球外生命体

・「ギザ知性体」（別名：ウミゴス）は、バファァトとも呼ばれ、いわゆるアシュタール・シェラン、黒服の男、シリウス・オーバーロードという地球外生命体のグループと関連している。

彼らは、プレヤーレンと祖先を同じくする地球外生命体の集団で、高度なテクノロジーで地球人を支配しようとしている。

・彼らの起源は、大アトランティス、小アトランティス、ムーという文明が存在した紀元前11万3000年にまでさかのぼる。1800年にわたる平和な時代が続いた後、権力欲の強い科学者たちが人類の支配の実権を握ろうとしたが、人々の反乱により、地球から追放されることになった。科学者たちは宇宙船を手に入れ、時空を超えた「ベータ・ケンタウリ」に逃亡した。

・その後、紀元前1343年に、アルス1世の子孫のアルスセムという絶大な力を持つ邪悪な存在が、まともな考えを持つ弟のプタアとサラムによって追放された。だが、彼は従者とともに戻って来て、ギザのピラミッドの地下深くに秘密基地を作った。その際、すでにあったピラミッドの地下の部屋を改造し、支配を目的とするセンターにした。

・彼らはある協会を通して、アドルフ・ヒトラーやその他の有力者を操作した。キリスト教やユダヤ教などの聖典の間接的操作や歪曲を通して、人類に影響を与えた。

・そのテクノロジーは、主に振動数に基づく「テレノティック」と呼ばれる技術を使い、過去の文明を参考にして、古代から人類の遺伝子操作を行っていた。

◆プレヤーレンによる捕獲と追放

・20世紀に入り、「プレヤーレン連邦」と「アンドロメダ高等評議会」は、ギザ知性体がますます危険になり、プレヤーレンを攻撃することさえあると判断した。なぜなら、彼らは宇宙で広く共有されている、文明が未発達の惑星に介入する際の「普遍的な規則」に従わないからだ。

・何千年もの間、彼らは「宗教的な奇跡とビジョン」で地球人を欺き続けた。最終的には、天使や神として現れることで、自発的に崇拝する地球人を服従させようと計画していた。

彼らには、暴力と第三次世界大戦による別の計画もあった。地球人の3分の2が消滅し、悲惨な死を迎えるというものだった。

・宇宙的な規約を順守する必要のない別の宇宙（ダル宇宙）からやって来たアスケットの種族は、21世紀の変わり目に起きると見られていた「第三次世界大戦」を防ぐために、地球に介入することができた。

このことは、「この太陽系の歴史の中で最も難しい仕事」と表現されている。

・ギザ知性体は、1978年5月、FIGUの本部「セミヤーゼ・シルバースターセンター」を攻撃した。その際に、建物の上に設置されていた「プレヤーレンシールド」も間接的に攻撃された。

・プレヤーレンは彼らを捕獲し、全員を一網打尽にした。彼らの秘密基地を破壊し、〝彼らが全く存在しなかったかのように〟土地を元の状態に戻した。

・そして、彼らから最低限の生存装置以外のすべてのテクノロジーを奪ったのち、遠い銀河へと追放した。

刑務所的な惑星に永久に収容された彼らは、自らの中に蓄積した「悪意に満ちた状態」で、余生を過ごすことになった。

・この作戦は、1978年から1982年のある時点で速やかに行われたため、彼らはもう地球にはいない。これらすべては、影響を最小限に抑え、目に見えないよう、追跡できない静かな方法で行われた。

・残念ながら、彼らが生成していたテレノティックな振動数は、衰えた状態のまま地上に残っている。プターによると、その悪影響は200年か300年は残り続ける。

・時おり、プレヤーレンは、悪意ある者の行為への不支持を表明する際に、それらの者たちを「ギザ・ヘイニス」「ヘイニス」などの蔑称で呼ぶ。

キリスト教などは、イエスや使徒の起こした数々の奇跡が宗教の正当性の根拠になっている。

しかし、そうした奇跡こそ、邪悪な生命体が高度なテクノロジーによって生成した幻影だというのだ。関連して、『新約聖書』もは改ざんされたものだという。

また、彼らが作り出した振動数は、「衰えた状態で200年か300年は残り続ける」とあるので、下手をするとそれが影響し、計画されていた第三次世界大戦を引き起こしていたかも知れない。

事実、21世紀初頭の他のコンタクト記録を見ると、「2006年の米中間選挙で、ブッシュ（子）の共和党が過半数を占めると、第三次世界大戦が起きる」と警告されていた。

この時、ブッシュの共和党は大惨敗したので戦争は回避できたことになるが、もしかしたら、これはアスケットの種族による介入のおかげだったのかも知れない。

テクノロジー装置と狙われたビリーの物語

この邪悪な生命体が残した影響は、実はビリーの身にも大きく及んでいた。最後に、そのことについて紹介しよう。

1998年5月14日「第264回コンタクト」によると、この時点でビリーは15回の暗殺未遂を経験していた。ビリーは、そのことについてプターに話している。かいつまんで言えば、このような内容だ。

仕事場の窓から撃たれかけたり、時には弾丸が頭から数センチ横の壁に当たったり、別の時には足元の地面に当たったり。いずれも知人といた時で、彼らは目撃者にもなってくれたのだと。

なぜ、そのようなことが起き続けたのか、２０２２年3月のコンタクト記録に、事の発端とおおざっぱな経緯が集約されている。

バーミュンダによる長い説明は、そもそもビリーが20年にも及ぶコンピュータの誤作動に悩み、再度プレヤーレンに「原因を究明して欲しい」と頼んだことから始まった。するると、幼少期から、あの邪悪な生命体と繋がりを持つ人物から、いやがらせを受けていたことが判明したのだ。

長い物語となるが、ビリーの身に起きたこと、そこから見えてくる人々へのマインドコントロールは、先端テクノロジーが抱えるリスクについて考えさせられる。

「第797回コンタクトレポート」より

2022年3月26日（土）14時27分　◆コンタクト相手：バーミュンダ

https://www.futureofmankind.co.uk/Billy_Meier/Contact_Report_797

＊非常に長い内容なので、重要度の低いと思われる対話の箇所は省略している。

◆宗教を利用した策略と見つけ出した同志

バーミュンダ　私たちの調査を通じて、あなたに対する卑劣な行為すべてが、あなたの子ども時代にまでさかのぼることが分かりました。

あなたが少年だった頃、宗教や信仰について自分の意見を彼女に話したために、「ある女性」があなたを嫌っていたのです。

この女性は、ある宗教団体に属する厳格かつ狂信的な信者でした。その団体にあなたのことを話し、長時間にわたる協議が行われた結果、あなたを団体の一員として勧誘しようとしました。

彼女が属していた小さなグループは、自らを「ウミゴス」と呼ぶ異星人たちと接触するようになりましたが、どのようにして繋がったのかは、まだ明らかになっていません。

その異星人はもともと〝万物を創造する高次の力〟を狂信的に信じていて、それをセリダンと呼んで崇拝していました。

しかし、やがて地球人のキリスト教信仰に影響され、セリダンからくる高次の力に疑問を抱き始めました。その結果、キリスト教に傾倒しましたが、そのうち嫌悪して背教するようになり、結局はキリスト教の神を認めるに至りました。

このようなことは、今日、地球人が宗教に惑わされたり、利益によって信仰の対象を変えるのと同じです。

彼らの場合、長い時間をかけてそうなりました。キリスト教が普及し始めるとそれに目を向け、結果的にそれに固執するようになったのです。

そして、同じ考えを持つ〝同士〟を探し求め、あなたの故郷で「あの女性」を見つけました。それが、あなたの生涯に及ぶ出来事の発端となりました。

彼らは自分たちの考えにそぐわない者に対し、悪意を抱きました。自分たちとは異なる人類の信仰を、ひそかに失わせようとしたのです。

彼らは故郷から持ち込んだ「装置」の助けを借りることにしました。当時の地球上では、まだ知られていなかった「電子マイクロテクノロジー」を通じて、世界中の宗教のほとんどの信者（無名の宗教を除く）に、気づかれないうちに影響を与えたのです。信者たちは次第に自分の思考をコントロールできなくなり、精神状態が不安定になりました。

さらに、彼らは信者が悪意を抱くように影響を及ぼし、何度も敵意を生じさせることで、戦争や宗教的殺人など、さまざまな悪事を引き起こしました。

◆「テクノロジー装置」を使った悪質な行為

ウミゴスがどのようにして「あの女性」と彼女が属する宗教団体と接触したのか、アーリオン（プレヤーレンのエンジニア）とその仲間たちは、まだ調査をしていません。

というのも、アーリオンは「それはさほど重要ではない。重要なのは〝結果として何が起きたか〟だけです」と言ったからです。

それは、あなたが〝生涯にわたって悩まされたもの〟を意味しました。

アーリオンが言うには、あなたに起きた事件すべてに、あの異星人が関与していました。「邪悪な彼らは、キリスト教への狂信により、可能な限りの方法でビリーに危害を加えようとしていた」と。

彼らは、地方政府に影響力を持つメンバーの協力で、それを非常にうまくやりましたが、あなたが抵抗する意志は、彼らのたくらみやあなたへ向けられた悪意よりも強かったのです。

それに加えて、彼らが所有していた「5台のテクノロジー装置」のことも、ここで伝えておかなければなりません。

装置のうちの2台は「あの女性」に渡され、彼女はそれを使い、あなたの故郷の多くの人々に悪影響を及ぼしました。

これらの装置は、電気を動力源とし、電子的な微振動を広範囲に発生させ、特定の人に影響を与えることができました。

この装置はさまざまに使用でき、例えば、ターゲットにリアルな幻覚を見せ、それが現実であるかのように思わせます。当事者は「自分の身に起きたことは現実に起きたことだ」と固く信じます。

このことが、アーリオンが説明したように、〝あなたの仕事場にいたセミヤーゼや他の人たちに起きた〟のです。

◆ビリーの活動を妨害し続けた「揺れる波動」

この装置は、他にもいろんなことができました。その一つが、あなたが仕事をする際に、使うものすべてを損傷させることです。あなたの電子機器を攻撃し、ダメージを与えました。

他の方法でも機能しました。あなたが私に説明したように、あなたのいた場所に置いてあった電子レンジから、突然、電子マイクロ波を照射させました。

2つ目の装置は別の機能を持ち、あなたの故郷にいたあの女性のグループによって使われ、さまざまな人に影響を与えました。あなたに害を与える行為をするように仕向け、あなたをいろんな場所に連れて行かせ、嫌がらせをするようにさせたのです。

しかし、あなたはスファートから、外部からやってくる有害な「揺れる波動」から身を守り、その波動を無力化することを学んでいました。ですので、影響されることなく、常に自分自身を保ち続けられました。

これが、あなたに対するあらゆる種類の攻撃が効かなかった理由です。

ただし、仕事で使う電子機器などは別で、これらはマイナスの「揺れる波動」の影響を受けました。その結果、あなたが扱った時に誤作動したのです。

それらのデバイスは、他の人であれば、問題なく使用できました。そのように機能したのは、「揺れる波動」があなたの波動と一致するようになっていたからです。それにもかかわらず、あなたの防御によってそらされ、それが作業している機器類に伝達されたのです。

ビリー　だから、スタッフのエヴァは、私に伝え残したいことは、長年すべて手書きでした。

バーミュンダ　それはまぎれもなく、「揺れる波動」のせいでした。アーリオンの説明によると、「装置によるネットワークがますます拡大し、後に、ビリーが他の国にいても常に影響を及ぼすようになった」ということです。

しかし、彼らにとってそれだけでは不十分で、あなたの人生を終わらせようとするまでになりました。でも、その目的のために雇われた者は、誰一人として成功しなかったのです。

アーリオンはさらに、「その女性と8人の関係者は、その後の34年間に亡くなった」

と説明しました。彼らの9人の子孫は両親の影響を強く受け、狂信的に宗教を信じ、あなたに敵対し、さまざまな方法で執拗に害を与えようとしました。

その結果、あなたの命を絶とうとする攻撃が増えましたが、あなたが警察に通報したのは3回ほどでした。「通報するように」と促した第三者がいたからです。

◆命の危機とまともな対応をしてくれない人々

ビリー　スイスで私が銃撃されたのは、ヒンヴィルの街の手前にいた時でした。ローザ・ガウツキの立会いのもと、私は建物の1階で書類を印刷していたのです。

銃撃された時、彼から「窓から狙われて撃たれたことを警察に通報するように」と言われました。

しかし、警察署には警官がいなかったので、私は知事に事件を通告しました。知事は「武器所持許可証」を発行してくれましたが、特に問題にもされずに時がただ過ぎていきました。

以前に起きた、「車のフロントガラスへの発砲事件」も同じでした。撃たれた弾が跳ね返らなければ、私に当たっていました。その車は知人が運転していて、警察に通報しようと言った彼とともにすぐに警察に行き、フロントガラスを見せて説明しました。しかし、聞く耳を持つことなく話をはぐらかされ、追い返されただけでした。フロントガラスの写真さえも撮られなかったのです。

私たちが小口径のライフル銃を持った犯人を見たという事実さえも、「夢を見ていたんだろう」と却下されました。

他にも、ヒンヴィルの街にいた時、私に〝殴りかかりそうになった人〟がいました。その人が、ある日、FIGUにやって来て、こう言ったのです。

「残念ながら、私は宗教に惑わされていました。でも、今ではそこから解放されました」、そう謝罪されました。

しかし、どうやら私を利用して金儲けをしたいために、嘘をついていたのです。

◆執拗な攻撃から守られ続けたビリー

バーミュンダ　あなたが今、話した出来事は、私たちプレヤーレンもよく知っています。

あなたの命を奪おうとする試みに関しては、すべて無駄であることが何度も証明されました。そのため、「あの9人の子孫たち」は、あなたに害を及ぼす別の方法を模索したのです。

敵対者の最後の3人が老衰で亡くなり、その後、子孫の2人も亡くなり、現在子孫は7人残っています。そのうちの2人はコロナに罹って苦しみ、死と闘っています。

あとの3人は、電子機器に関して非常に優れた知識と能力を持っているため、「あの女性」がかつてウミゴスから受け取った「装置」を、再び使えるようにしました。

長年保管していた、電子マイクロテクノロジーという「未来の装置」を再び取り出し、あなたに害を与えるために機能させたのです。

邪悪な異星人は遠くに追放されたため、子孫たちは使い方が分からない状態でしたが、機能させる方法を解明し続けました。

それ以来、その装置は、あなたが人々とトラブルになるような危害を与えています。

しかも、起きた事件が〝あなたの仕業でないことを証明するのが非常に困難な形〟で。

このことは、あなたが1969年にスイスに戻った時にすでに始まっていました。

それ以来、あなたの命を奪おうとする試みが24回起きていますが、ことごとく失敗しています。

ビリー　それは、いわゆる「ラッキー」なことだったのでしょう。

あなたが言った、…………（記録文では伏せられている）については、ナイフが私の背中に当たるはずでしたが、その瞬間を…………が目撃したのです。その人がナイフをひったくることに成功しました。

その人が何年も経ってから、当時、私の身に何が起きていたのかを教えてくれました。私は事件の全体像に、何も気づいていなかったからです。あの事件と、…………の仕業だった他の2つの事件は、「24件の暗殺未遂事件」には含まれていません。

さあ、もう行きましょう、あなたたちが飛行中でも話せます。


これによると、電子マイクロ波という特定の微振動を発生させる装置を使い、個人や集団の意識を変化させている者たちがいた。

ビリーに対する警官の違和感ある対応や、殴りかかってきた人物など、電子マイクロ波の操作によって意識を操作されていたのだろう。

ビリーはこのようにも語っている。

「背後にいる存在たちは、どこからでも静かにやって来て、覚醒状態か眠っている時の人々の思考をコントロールし、その人を内側から別人に変えて、彼らの仲間にします。最もすごいのは、それが起きている間、その人はそれに気づかないことです」

ビリーに対する攻撃の卑劣さと裏腹に、彼にとって真実を発信する人生が、いかに命がけの大役であるか、その揺るぎない姿勢に感嘆しかない。

巻末資料1

プレヤーレンによる「コロナウイルスとワクチンに関する検証」

2023年になった現在、コロナのパンデミックはほぼ落ち着いた状態にある。

プレヤーレンのコンタクト記録にはコロナに関する記述も多く、まだ知られてない情報もある。それらの中から要点を抜き出し、ここでは、できるだけ分かりやすくまとめてみた。

情報の精緻さについては、プレヤーレンの医師・バーミュンダがこのように述べている。

「化学や医学も含め、私たちプレヤーレンは地球よりもずっと発達し、地球上の原始的な機器よりも、はるかに正確な機器を使用しています。私たちは故郷のエラ星で2019年11月から行った研究で、以下の結論に達しました。これらはすべて、緻密な調査と研究結果によって明らかになったことです」

プレヤーレンが調査した「コロナウイルス発生の起源と毒性」

バーミュンダとプターの発言のまとめ

＊以下は、2021年10月〜2022年12月コンタクトレポートからの、膨大な情報を集約したものである。

《コロナウイルスの起源と経緯》

●毛沢東が健在だった1970年代、アメリカに強い憎しみを持つアメリカ人が祖国に散布するための生物兵器の開発を持ちかけた。アメリカの世界覇権を憎悪していた毛沢東はこれに応じ、自国の6つの省に極秘の研究所を作り、生物兵器の開発を始めた。

●その際、数人の男性が金銭で買収され、一生分の報酬を得るとともに、実験室で危険なウイルスの開発に成功した。

●1976年に毛沢東は亡くなったが、この研究は遺言として継続された。それにより、コロナウイルスが生まれた。それからほどなくして、一つの研究所から事故でウイルスが漏洩した。そのウイルスは自然界で変異を繰り返し、インフルエンザウイルスと混在したため、独自のウイルスとしては発見されなかった。

●しかし、21世紀の初めになってから、SARSとして現れ、初めて独自のウイルスとして認知された。その後も、このウイルスは変異し続した。現在のコロナウイルスは5002回目の変異で誕生した。

《ウイルスの漏洩と研究者》

●そのウイルスは、武漢の秘密ウイルス研究所で生物兵器として研究されていたが、2019年1月、事故で漏洩した。

開発当初、従事した16人のうち、11人はすでに亡くなっていた。残りの5人は高齢で生きていたが、2019年の事故で命を落とした。その中の最後の1人は、2020年1月に亡くなった。全員が亡くなる前に、研究所や関連施設などは破壊された。また、1970年代に毛沢東に生物兵器を開発を持ちかけたアメリカ人も、すでに亡くなっている。

●この生物兵器としてのウイルス研究は、現在でもカルト志向の強い者たちによって引きつがれている。ただし、この研究所が存在することを中国共産党は全く知らない。

《生物由来のウイルスではない理由》

●人工的に作られたウイルスには、自然には持ち得ない性質があるため、コウモリを通じてウイルスに伝染したという説は、完全な誤りと言える。

だが、このことは、コロナウイルスの出どころを解明したという人たちにとっては、受け入れられないだろう。

（コロナの起源については議論を呼んだ。コウモリ由来のウイルスの遺伝子操作の実験をしている「武漢ウイルス研究所」から漏洩したのでは、という疑惑はいまだにある：筆者註）

《感染の予防》

●適切なソーシャルディスタンスの維持と、医療レベルの高機能マスクの着用以外にはない。

●コロナ感染における危険因子は、持病、肥満、喫煙、アルコール依存、過度の運動、疲労、精神疾患、免疫力の低下、薬物乱用、運動不足など。

《感染した場合》

●感染したことをすぐには感知できず、６カ月以上後、あるいは数年後に肺疾患や他の流行病、生命を脅かす病にかかることがある。

●長期に及びウイルスを保有することになり、体内の器官に対し、感知できない軽度から重度の損傷が続く。例えば酸素欠乏症により、歩行や労働、体操など、少しの運動で息切れや呼吸困難を起こす。場合によっては、一生続く不定愁訴や病気を引き起こす。

●体内の臓器がウイルスによって「マーク」され、その攻撃が後の別の種類の病気に繋がる。肺を攻撃した場合、穴を開け、醜いスポンジ状になる。

心臓発作、肺塞栓症、脳卒中、脳炎、精神病、血栓症、神経系や腸機能の損傷など、すべての器官が何らかの形で損傷する。

《感染からの回復後》

●症状がなくなっても、体内でコロナウイルス特有の「インパルス・スイング」（特定の振動）が、生涯発生し続ける。インパルスは長期間不活性状態で蓄積されるため、肉体へのダメージを自覚しづらい。

●その蓄積されたインパルスによってコロナが再発したり、他の病気も引き起こされ、「コロナウイルス後遺症」として健康被害をもたらす可能性がある。病気が表面化するのは、数十年後や人生の終盤になってからのこともある。

●コロナ感染からの「完全な回復」とは、病原菌を保有しつつ、症状の寛解か一時的な軽減を意味する。そのため、感染前の健康状態に戻ることはあり得ない。

政府の要人もビリーとプレヤーレンのコロナ情報に注目

コロナ対策について、ビリーは「ある国の政府高官」からアプローチされた。そのことが「743回コンタクトレポート」で明かされている。

この政府高官は、コロナウイルスの危険性について、おそらく手紙でビリーに質問してきた。ビリーはプターから受けた説明も含め、コロナの危険性を細かくリストアップし、政府高官に手紙で伝えている。その内容は、われわれにとっては、未知の情報も含まれていた。

プレヤーレンとビリーの情報が、政府の要人からも、いかに注目されているかが証明されたエピソードである。

1940年代にスファートが『地球の年代記』に書いていた「コロナの到来とそこに至るまでの予言」

中国の広州市の秘密研究所で新しいウイルスが作られ、1976年に不注意で実験室から漏洩した。

このウイルスは21世紀になるまで何度も変異を繰り返し、全く発見されないまま、新世紀の最初の3年間に、初めて認知された病気を発生させた。（著者註：これはSARSのことだろう）

この新しいウイルスは非常に感染力が強く、空間に放出されるやいなや、人間やある種の哺乳類や動物の細胞系を攻撃する。作業員はこのウイルスの感染によって次第に死亡するが、それでも流行の拡大は止まらない。

ウイルスの情報が国民に知らされるまでには、その後2カ月ほどかかる。新型ウイルスが極めて危険で致命的な猛威を振るう感染症であることが判明すると、もはやそれを抑えることはできない。

この病は、最初に発表されてから20年間に突然変異し、２０００年に入ってすぐに最初の流行が始まる。

しかし、それが認識できるようになるのは２０１９年12月で、２０２０年から地球全体に急速に広がり始め、さらに変異して危険になり、長期にわたって多くの死者を出すようになる。

プレヤーレンが警告するワクチンの危険性

バーミュンダとプターの発言のまとめ

＊以下は、２０２１年10月〜２０２２年12月コンタクトレポートからの、膨大な情報を集約したものである。

《ワクチンの成分や有効性》

● 地球の製薬会社は〝コロナワクチンは90％から95％の有効性がある〟と主張していたが、実のところ、その効果はわずか16%から23%だった。

●ワクチンの効果を調べる初期試験として、単なる蒸留水の接種も行われた。少なくとも2つの企業がプラセボ(偽薬)として極秘裏に使用し、しばらくして、危険な化学物質をさまざまに添加した。

(2023年7月5日付けのドイツのメディア「UNCUT-NEWS」に、この情報を裏付ける記事が掲載された。ドイツの科学者が調査したところ、EUに輸入されているワクチンの一部がプラセボだったという:筆者註)

●「良い」とされている薬用活性物質を含むものもあったが、コロナに適しているかは、何らテストされていない。それら活性物質の有効性は非常に低く、有効に働く水準に達するには、試験の回数が少なすぎる。

●未試験の有害なワクチンにより、意図的に命を奪う行為がなされている。接種回数が進むごとに死亡率が上昇している。そのため、「ワクチンは効果がある」という主張は、根拠に乏しいと言わざるを得ない。

真に役に立つワクチンを開発するには、何年もかけて研究する必要があり、少なくとも10年から15年かかる。

《変異種に対して》

●変異種に対して、ワクチンは全く効果がなかった。良好な免疫システムを持つ人々にとっては感染から守られるはずだったが、場合によっては短時間で命を落とすことになった。
変異し続けるコロナウイルスと、犯罪的に使用されるワクチンの両方が、感染やワクチン接種による長期的な健康被害をもたらした。

《スパイクタンパク質の毒性について》

●接種による血管壁の炎症は、「急性脳炎」にも大きく関与した。健康な人間であっても、通常、脳内のさまざまな箇所で脳細胞が破壊されているが、まさにその箇所に、ワクチン接種によるスパイクタンパク質（スパイクプロテイン）が蓄積したことによる。

●接種によって心筋に軽度の炎症が生じた場合にも、同様のことが起こり、その部位にダメージを与える。

●上記のことを知ることが非常に重要であり、その理由は以下の通り。

・・・・・・・・・

1　接種を受けようとする人間は、〝本当の知識に基づかない思い込みによる情報〟に基づいて、判断するしかない。

（地球の科学が十分に発達していないので、不完全な知識を元に接種を判断せざるを得ない、という意味：筆者註）

2　人間は接種によって、免疫系がどのように反応するか、体にとってどのくらい危険か、ウイルスに対してどのくらい防御効果があるのかが、分かっていない。

3　各自の年齢、性別、健康状態との兼ね合いで、接種が吉と出るか、凶（重篤な副反応が現れたり、死亡するケース）と出るかは分からない。

4　mRNAワクチン接種後に、血中の「トロポニン濃度」が上昇し、心筋障害が1000倍以上の確率で起こりやすい。
トロポニンは心筋細胞に存在するタンパク質であり、その数値は「心筋細胞の損傷度合い」を示す。男性よりも女性の方がトロポニン値が上昇しやすい。通常、上昇したトロポニン値は24時間以内に正常範囲に戻るが、必ずしもそうならなくなる。

心筋の損傷は、たとえ軽度で一時的でもリスクを考慮しなければならず、特に若者の場合、データ（トロポニン値）に基づいて判断することは容易ではない。

心筋は基本的に再生できず、せいぜい最低限しか再生できないため、接種により、軽度から重度の障害に至る可能性がある。いずれにせよ、心筋に負担をかけないよう、接種した場合、数日間は運動を控えることが望ましい。

《接種後の長期的な影響》

●接種直後に死亡しなくても、接種後に苦痛が生じ、それが短期間か生涯にわたって続くことがある。後遺症は後年になって、がん、脳障害、呼吸器障害、体動障害などに発展することがあり、その原因は地球の医学では解明できず、治せない。男女ともに不妊になったり、生まれても障害児だったり、死産の可能性がある。

●同様の症状は、コロナに感染しても起こる。

（この発言によると、コロナに感染した時の症状とワクチンの副反応は、ほとんど区別がつかないようだ：筆者註）

●仮に、ある人々が接種によって死ななかったのであれば、それは彼らの免疫システムが非常に強いか、投与された成分が単に効果がなかったから。しかし、これらの成分は血液中に沈着し、後に後遺症を引き起こす可能性がある。

このことは、コロナウイルスによる〝血液中へのインパルスの沈着〟が発見できないのと同様、地上の医師には理解できない。理解するために必要な設備機器もない。

《ワクチン開発について》

●製薬会社は、「コロナワクチンを開発できれば大きな利益を得られる」と考えていたため、無責任なワクチンが実現した。彼らに多額の利益を生じさせたのは、国家指導者に落ち度がある。人々には真実が隠蔽され、意図的に誤った情報が与えられている。命にかかわるようなワクチンを意図的に作ったことにより、接種した世界中の多くの人々が命を落とした。

《結論》

●ワクチンは役に立たないばかりか、命にかかわるものさえある。軽度の健康被害から重度の後遺症、死亡に至るまで副反応は相当あり、多くの地球人に今現在も死をもたらし、状況はさらに悪化している。
一方、ウイルスそのものは、どのワクチンよりも危険度が低いと言える。
したがって、生き延びるためにはワクチンを接種しない方が良い。効果が不十分なワクチンのために死亡したり、生涯にわたり大変な思いをしないで済む。

《プターからの人類へのアドバイス》　２０２１年10月「第７８１回コンタクトレポート」より

世界的に流通しているコロナワクチンに対し、私たちプレヤーレンが緻密に調べた結果、このようなことが判明しています。

腐敗した無能なウイルス学者や国家指導者が公に主張しているほどには、ワクチンの効果は証明もされず、優れたものではない、ということが――。

これは、地球の人々が騙されていることを意味します。だからこそ、私は一度、本当のことを話したいと思っていました。

ただし、その内容に従ってどう行動するかは各自で決めなければなりません。なぜなら、すべての地球人は、何を受け入れるか、どう行動するか、何を捨て去りたいかを自ら決めなければならないからです。

1949年にスファートが予言した「コロナパンデミックの行方」

この病気が非常に巧妙に「働く」ため、常に新しい変異が起こる結果、同じ種類のワクチンだけでは、長期的に適切に戦うことができなくなります。

やがて、変異の種類によって、病気そのものと、それに起因するさまざまな症状が発生し、それらを抑制・軽減・治癒するために、異なる治療法を必要とするようになります。

このことは、私が予言した通りに必ず実現します。なぜなら、私はそのような未来を実際に経験したからです。

私のすべての予測、それは未来として観えるビジョンではなく、未来に起きた多様な出来事の体験に基づいています。だからそれらは、絶対に確実に実現するのです。


これは1949年、ビリーがまだ12歳の頃、当時の教育係だったスファートが語った言葉である。

この時、ビリーはスファートとともに未来へ行き、「コロナのパンデミックに翻弄される21世紀初めの世界」を観ている。

実はプレヤーレンのコンタクト記録には、このスファートの言葉以外に、コロナのパンデミックがどうなっていくのかを示す記述はない。プターも、「今後どうなるのか、未来のことについては語ってはならない」とビリーにクギをさしている。

巻末資料２

なぜ、このような世界になっているのか？
プレヤーレンが明かす、人類が破滅的な道を歩んでいる主な要因

プレヤーレンのコンタクト記録には、ＥＵとアメリカに関する記述が非常に多い。そのほとんどは、隠された実態を暴くような内容である。

ヨーロッパとアメリカという地域と国を通すと、この世界の支配構造が見えてくる。そのことを一般には知らされていないのが、人類が破滅的な道をいまだに歩んでいる主な要因だとプレヤーレンは見ている。

彼らが伝えてくる支配構造の実態は、ネットで見受けられる陰謀論のイメージを軽く超える。それら多岐にわたる情報の中から、この巻末資料では、まずはヨーロッパを扱い、次にアメリカの実態を伝えることにする。

プレヤーレンが伝えるヨーロッパの実態

ＥＵの実態と６６６が象徴するもの

プレヤーレンがヨーロッパを語る時、ＥＵが中心になる。彼らはＥＵのことを「ＥＵ独裁制」と呼び、ヨーロッパの超エリート層が民衆を抑圧し、自分たちの既得権を維持するための組織だとして批判する。

彼らによると、ＥＵの実態を象徴するものこそ「６６６」の数字であるという。

以下のコンタクト記録は、ビリーが１９８６年に「予言されている独裁政権として機能するビースト（獣）６６６とは何でしょう？」と尋ねた際のケッツァルの答えである。

それは未来に起きることの予言であり、驚異的なまでにほぼ的中している。１９８６年の段階でＥＵはまだ存在していなかったが、７年後の１９９３年には「マーストリヒト条約」によって、ＥＵとＥＵ市民権が成立したからだ。

この予言の最も重要な点は、ＥＵが市民の自由を抑圧する独裁制であり、その本質こそビースト６６６だと言わんとしていることだ。

第２１３回コンタクトレポート／１９８６年12月２日／ケッツァルより

この古くから慣習的に予言された「獣」は、悪と否定の数を担い、いわゆる「欧州連合＝ＥＵ」と呼ばれるヨーロッパ全体の独裁政権に関係しています。

これは、１９９３年11月１日に決定され、いわゆる「マーストリヒト条約」で締結される予定です。（中略）最終的には、加盟国に共通する「外交政策」「安全保障政策」「防衛政策」が求められることになります。

加盟国の市民に対し、「欧州連合市民権」を創設することも計画されます。

また、軍事と司法、道路輸送と農業、産業経済の分野は、最終的にはEUの力のある者たちによって決定され、EUはベルギーのブリュッセルに権力の本拠地を置きます。決して民主的ではなく、力のある者たちが交渉し、決定を下す独裁的な形をとることになるでしょう。

EU加盟国とその市民は多くの自由を失い、強大なEUの独裁的抑圧に従うことになります。特に良くないのは、EU加盟国の力のある者たちでさえ、完全かつ意識的にEUに従うことです。

これらの人々は、うそ偽りのプロパガンダで、自国の市民をEUの加盟へと誘惑する者たちです。市民は惑わされ、自らの論理的で繊細な意志決定に力を入れなくなります。

その結果、今後数年、数十年後、市民から独裁制についての話は出てきません。そしてEUに加盟するのです。

「ビースト666」の意味がさらに詳しく述べられているのが、以下のコンタクト記録だ。

『ヨハネの黙示録』について調べていたビリーは、この書の中に出てくる666について、ある計算を試みた。その際に生じた疑問をセミヤーゼに尋ねたところ、このように説明された。

第45回コンタクトレポート／1976年2月25日／セミヤーゼより

＊原文での難解な表現は簡潔にしている。

666という数字は、地球人にも地球外生命体にも当てはまります。地球人は、この数字が持つアンチロゴス（非倫理）、つまり、嘘に注意しなければなりません。

この数字は、狂信者、嘘つき、宗教的な力や権力に飢えた者が与えるものです。666という数字が象徴するのは、宗教的なカルト集団として地球を支配している者に当てはまります。この数字は非倫理な絶対悪と破壊を意味し、地球外生命体も使用し、カバリストには約2000年前から知られています。

また、この数字はドイツ語で神、教会、キリストを意味します。ジーザスはイマヌエルの偽名であり、彼は生前この名前を拒絶していました。未来に自分がどうされるかを知っていたからです。

キリスト教会は改ざんされ、イマヌエルの真の教えは認識できないほどです。

666が象徴する獣とは、2層3層の構造を持つ多様な世界規模の組織などに関するものを指します。これらは特に政治、教会、キリスト教徒によって具現化されています。

別のコンタクト記録を見ると、古代の預言で警告されていたこの数字が象徴するものが、全人類に影響を与えるという。

609回コンタクトレポート／2015年1月22日／プターより

すでに、預言者ムハンマドや預言者イマヌエルの時代には、来るべき20世紀、21世紀において、破壊的な獣が666という数字を使って働き始めることが、つまり、カルトや秘密結社による狂気や妄想的信仰が全人類にあふれるということが、予言や預言で知られていました。

ビリーの予言から見えてくるEUの行方

この数字が、なぜEUの本質を示すのか、その理由はビリーが1958年に各国の政府に送った文書『予言と予測』（抜粋した内容は第3章で紹介）から浮き彫りになる。

この文書は1958年8月24日に書き留められたが、ビリーによる未来予測は、現代の様子を驚くほど詳細に言い当てている。例えば、このような内容だ。

＊

●クレジットカードが普及し、過剰なローンを抱えながらも人々は購買を止められない。（当時はクレジットカードは一般化していなかった：筆者註）

●各国政府は債務にまみれる。

●ヨーロッパの若者の一部が過激主義に陥り、スキンヘッドやネオナチ組織に群がって旗を振ったり、罪のない路上の人々を殴るなど、危害を引き起こす。

●いずれすべての市民が「識別デバイスの生体認証データと、中央機関を通じて監視・制御される「生体認証システム」で管理される。市民から自由を取り上げて支配する独裁制になる。

＊

この悪魔的な管理システムをいち早く導入するのがＥＵであり、それを可能にするのが６６６を象徴するキリスト教だという。

当初、民主的連合体として出発したＥＵだが、プレヤーレンは未来に現すビースト的な本性を見据えて、「ＥＵ独裁制」と呼んでいるのだ。

アンゲラ・メルケルとは何者か？

次第に独裁化するというＥＵの背後にいる勢力については、コンタクト記録を見ても、明確には記述されていない。

だが、コンタクト記録の中にちりばめられた断片的な発言を集めると、その勢力が見えてくる。手がかりとなるのは、国際的にも評価の高いドイツの元首相、アンゲラ・メルケルをプレヤーレンがときおり強く非難していることにある。

ドイツ国内でも「ドイツの母」として尊敬を集めているメルケルだが、プレヤーレンとビリーの評価は非常に低い。ビリーが、メルケルがよくする「左右の指で作るハート型のサイン」の意味をプターに聞くと、このように説明された。

第７１２回コンタクトレポート／２０１８年11月／プターより

指で作るこのハートの形は、セクト主義を示します。この人物は限りなく支配と権力に執着し、自尊心が強く、自画自賛し、称賛を求めます。

この人物のあらゆる行動には目的があり、自分の利益にしか関心がなく、無責任な決断をしています。

ハート型にしている時の中指と薬指が触れている部分には、無意識な思いが現れます。そのため、極めて道徳的に悪い態度を隠すための行動が見て取れます。嘘や支配的で欺瞞的なふるまいや行動は、覆い隠されています。

この記録のほかの箇所には、メルケルを権力の座に押し上げた勢力が背後にいることが示唆されている。

ドイツはまさにEUのリーダーであり、その首相を操るのであれば、それはEUを背後から動かしているということなのだろう。それを匂わせる内容が、「第616回コンタクト記録」(2015年3月)に書かれている。

ビリーはプターに、「メルケルについて書かれた記事」を紹介した。このような内容である。

シオニスト・ユダヤ人女性アンゲラ・メルケルは、2008年から2014年までイスラエルのパスポートを持ち、首相として主権国家のドイツを破壊した。彼女は(イスラエルの)工作員である。ドイツの独立性を弱め、ＥＵという超国家的な協同体に依存させた。

一方、イスラエルのシオニストには、ユダヤ人を迫害した歴史を持つドイツの主権を弱め、国家として弱体化させる計画がある。

メルケルがイスラエルのパスポートを持つユダヤ人だということは、シオニストのエージェントであることを示している。残念ながら秘密ロッジ「ブネイ・ブリス」のシオニスト教団のメンバーでもある。

メルケルの背後に見え隠れする勢力

ここにある、「ブネイ・ブリス」とは、ディープな陰謀論でもあまり耳にしたことのない組織名だ。ウィキペディアに載っている情報では、ヨーロッパの富裕層が作った社会貢献のための親睦団体とするフリーメーソンと同じようなものとして、説明されている。

だが、こうした組織は、公式の顔と非公式の顔が異なっていることが多い。

プレヤーレンによると、この組織は、表の顔は政治的影響力のあるユダヤ人の親睦団体でありながら、長期的なアジェンダを持つシオニストの教団だという。

以下は、ビリーの支援組織「ＦＩＧＵ」のメンバーと思われる人物が、コンタクト記録を丹念に調べあげて書いた記事からの引用だ。

世界を支配する情報機関・宗教組織

ブナイ・ブリスは、ナチス時代までのドイツ語圏ではUnabhangiger Orden Bne Briss（U・O・B・B）、またはBnei Brisとも呼ばれるユダヤ教組織である。１８４３年にドイツから移住した12人のユダヤ人により秘密ロッジとしてニューヨークで設立され、自己紹介文によると、寛容、人道、福祉の推進を目的としている。

もう一つの目的は、ユダヤ教内の教育であり、現在、約60カ国に約50万人の組織会員がいる。ユダヤ教の国際的な団体としては最大規模を誇り、ユダヤ人の歴史に関する博物館も運営し、本部はワシントンＤＣにある。

名誉会員には、ドイツの元首相アンゲラ・メルケルもいる。ブナイ・ブリスは、シオニストのプログラムに従ってヨーロッパの国民国家を破壊するために、２００８年にも金メダルでアンゲラ・メルケル首相を称えた。それは、世界における「人権擁護」と、とりわけ彼女の「人道的支援」という名目だった。

「第720回コンタクトレポート」(2019年5月)には、メルケル元首相とこの組織の関わりを、プターが述べた部分がある。複雑な内容なので、要約しよう。

●戦後のアメリカには、「新世界秩序(NWO)」を実現するという計画が存在する。それは、アメリカが主導するグローバリズムの原理をあらゆる国家に適用し、アメリカが支配するという構想である。

●かつてEUは超国家連合として、アメリカのグローバリゼーションに対抗できる独自の秩序を構築していた。その力を弱体化させるために、2015年にヨーロッパにおける「中東からの難民危機」が引き起こされた。

●当時のメルケル首相による中東からの移民流入計画は、彼女の背後にいた勢力が関係し、バラバラになった中東の国々を、アメリカが主導するグローバリゼーションの秩序に吸収するためだった。

●移民流入計画の際、メルケル首相はEU諸国に国境管理を強化させ、中国やロシアの工作員がEUに入るのを防止した。

●しかし、実はこれらの計画による画策は、エリート層の非論理的で幼稚な思い込みでしかない。

プターが指摘するこうした状況から判断して、おそらくEUには、メルケルのようなエージェントが複数存在していると見て間違いなさそうだ。

その結果、EUは影の勢力の意向によって、コントロールされているのだろう。そのような勢力は、EUだけではなく、アメリカ政府にも強い影響力を持っているはずだ。

プレヤーレンが伝えるアメリカの実態

ウクライナ進攻に見る背後の支配

一般の陰謀論では、各国の政治指導者が影の勢力のエージェントであるかのように語られることが多い。だが、プレヤーレンによると、そうではないという。背後で支配する勢力を全く知らぬまま、コントロールされているというのだ。

ロシア軍がウクライナに進攻する1カ月ほど前のコンタクトで、そのことが述べられている。

第791回コンタクトレポート／2022年1月23日／バミューンダより

バーミュンダ　〝ロシアに対する非常に危険な策略の全体像〟は、まぎれもなく「闇の指導者」にまで遡ることができます。私たちプレヤーレンは独自の調査結果を通じて、すべてを詳細に把握しました。

すべてのことは、基本的に「闇の指導者」によって考案されました。そのことを知らないロシアの国家権力は、権力というものに非常に神経質なアメリカの国家指導者とその軍隊と、ＮＡＴＯの要求に対し、〝今すぐに応じるように〟と強制されたのです。

ビリー　それは、〝どこの国が問題を起こしているのか〟を明確に示す言葉です。そして、アメリカの支配者たちは、権力への執着において神経質であり、特にアメリカ大統領はそうです。

彼らは自分たち支配者、つまり国家最高位のボスとその周囲の者たちが、「闇の指導者」によって外部から密かに影響を受けていることに気づいていません。それは、すべてのことが徐々に手に負えなくなっていくには十分です。

しかも、そのような支配構造はアメリカでは古くから常識であり、初代大統領の時からも同様です。

このコンタクトが行われたほぼ1カ月後の2022年2月24日、多くの予想を裏切ってロシア軍はウクライナへの進攻を始めた。これはまさに、計画通りだったということだろう。

その計画とは、「ヨーロッパの実態」でも伝えた、アメリカによる世界支配である。

国家指導者たちは背後で繰られているのを知らないことは、次のコンタクトにも記載されている。ウクライナ戦争が始まった1カ月後に告げられた内容だ。

第797回コンタクトレポート／2022年3月26日／バーミュンダより

「世界征服中毒」は常にこの一翼を担っていて、これもアメリカの「影の政府」によって密かにコントロールされています。

国家指導者たちは、「影の政府」から影響を受けていることにまったく気づいていません。アメリカが世界の支配者になるよう、240年以上も前からすべてが推進されてきたということに。

ウクライナで起きていることに関しては、アメリカ人に古くからある「ロシアへの憎悪」が、ロシアをアメリカの衛星国家として征服するための計画に役立っています。

男女を問わず無数のアメリカ人が人為的に心理操作され、ロシアへの憎悪が生まれました。「憎悪による扇動」は、アメリカの「影の政府」が人々をコントロールする際に古くから利用しています。

「憎悪による扇動」は、今や地球人の大部分、多くの国の国家指導者たちをも苦しめています。

世界支配を目指すアメリカは終焉する

しかし、先に紹介したバーミュンダとの「791回コンタクト」の続きの対話で、世界支配を目指すアメリカは長くは続かず、いずれは終焉を迎えると予告されている。そのことに、ビリーも同意している。

第791回コンタクトレポート／2022年1月23日／バミューーンダより

バーミュンダ　アメリカの傲慢さや自己主張、世界征服のための秘密の努力が永遠に続くことは、長い目で見れば決して容認できることではなく、結果的にその終わりがやってきます。

ビリー　それは一部の人々が想像するよりも早くなるでしょう。なぜなら、アメリカにとっても未来は必ずしもバラ色ではないからです。

例えば、私は、「1100以上あるアメリカの軍事基地の場所を示すリスト」を持っています。現在、アメリカがすでに進出し、海外に軍事基地を置いている国はたくさんあります。

私の知る限り、国連は完全に合法的な国家を194か195カ国挙げていますが、そのうち2つか3つは国連に加盟していません。パレスチナとバチカンはそこにはなく、その他の地域も国家として係争中で、その数は8か9つくらいあるはずです。

そして、現在この世界に約195の国家があるとすれば、アメリカは少なくとも30の国家に軍事基地を置いていることになり、それは世界の国の約6分の1を占めます。

これは愚かな人に対しても、アメリカが何を望み、何をしようとしているのかを証明できるはずです。

多層的支配の一部を担うのは金融資本勢力

それにしても、アメリカやNATO諸国の首脳部さえも気づかない「影の政府」とはどのようなものだろうか？

バーミュンダいわく、そのような支配勢力の中核を担うものの一つが金融資本であり、アメリカの建国と同時に成立し、それ以降、連綿と続いているという。

第705回コンタクトレポート／2018年3月14日／バーミュンダより

15世紀から19世紀にかけて新たな帝国が誕生し、覇権をめぐって争いを繰り広げました。貴族や商人たちは、一握りの民間銀行から資金を調達していました。

そこで多くの大銀行は、戦争が起きると両陣営に資金を供給するヘッジファンドを設立したのです。ハイレベルな情報網により、金融業者が徐々に支配力を持ち始め、政府に対して明らかに優位に立ちました。

1787年9月17日、アメリカ合衆国憲法が採択されました。この憲法は、三権分立とチェック・アンド・バランスの原則に基づき、世界で最初の民主的な憲法の一つでした。

しかし、結局、それは嘘の塊であり、企業国家に身をゆだねるための文書にすぎなかったのです。同時に、「影の政府」を作るための口実にもなりました。

その後、それほど時間が経たないうちに、同じ人たちが1789年5月5日にフランス革命を起こしました。1799年11月9日、ナポレオンがフランス革命が終わると、フランスの独裁者になりました。

「影の政府」はナポレオンと同時に、イギリスにも資金を提供し続けました。

１８１５年、フランス皇帝が、イギリスのウェリントン公爵とプロイセンのブリュッヒャー将軍の連合軍に敗れました。そのワーテルローの戦いで、ナポレオンの運命は決まりました。彼の治世はついに終焉を迎えたのです。

その後、「影の政府」はアメリカの南北戦争、ボルシェビキ革命などに資金を提供し、長い年月を経た今日、アメリカのウクライナでの戦争に資金を提供しています。


では、その金融資本の中核になっている組織とは何か？　これに対する答えが、実は70年以上前のコンタクト記録に〝未来の出来事の予告〟として登場する。

以下は、ビリーの教育係だったスファートが語った内容である。


初期のコンタクトレポート／１９４６年５月５日／スファートより

なぜなら、その後、アメリカで資本勢力の基礎ができ、世界の金融界全体に「影の銀行」、および世界的な「影の政府」として介入し、多くの国々とその構造を支配するからです。

この資本勢力は、アメリカにおいて国家内部の「影の政府」へと拡大し、アメリカの国民に対して秘密裏に、「影の政府」の意志に従って統治することになるでしょう。

この「影の政府」はすでに長い間存在していて、はるか未来まで存続するでしょう。

１９８８年に設立される新しい資本勢力は、すでに説明したように、世界的な資本ネットワークを構築することが目的です。

そのネットワークを通じて実に短期間に、世界の銀行と金融界が広範囲に支配されるだけでなく、多くの国々の政治や経済も支配されます。

設立される年までも明確に述べられているので、該当する金融機関を調べるのは容易だ。この年に設立され、今でも際だった影響力を持つものは「ブラックロック（BlackRock Inc.）」以外には考えられない。

それはニューヨークに本社を置く、世界最大の資産運用会社である。同社についての説明をWikipediaで見ると分かることがある。

アメリカの代表的な株式指数のひとつに「Ｓ＆Ｐ５００」がある。そのＳ＆Ｐ５００に選ばれているアメリカの最大手企業の80％以上において、持ち株比率の上位3位内にブラックロックがいる。

これはアメリカを代表する数々の大企業が、実質的にブラックロックの影響下にあることを示している。

このような企業支配はアメリカだけには限定されず、世界の名だたる大企業の大株主として名を連ねている。ブラックロックこそ、「影の政府」の一翼を担う金融勢力の中核なのだ。

軍産業複合体も主要な勢力の一つ

コンタクト記録には、金融以外の「影の政府」の構成要素も記載されている。それはアメリカの「軍産複合体」だ。

さまざまな勢力からなるこの複合体は、共通の目的によって手を取り合うようだ。


第４４１回コンタクトレポート／２００７年２月３日／プターより

あなたが言ったように、このグループは、政府・軍・産業グループ・諜報機関・準軍事組織・金融機関からなる、世界的に枝分かれしたグループです。

（中略）

このグループは組織化されてなく、むしろ緩やかな繋がりにすぎません。

しかし、彼らには、1920年代からすでに計画された共通のプランがありました。それは、〝地球外生命体に関する、継続的で巧妙な大規模な偽情報キャンペーンを行う〟というものです。

以上のように、プレヤーレンが語る闇の存在とは一つではなく、いくつもの層に分かれて存在している。

それら多次元的な構造の存在がさまざまな伝達網を通して、各国の政府や政治経済システム、さらには人間の集合的意識を背後から支配しているのだという。

この構造を知ることで、われわれはこのまま突き進むことなく、滅亡へ向かうルートから少しでも外れていかないといけない。

おわりに

いかがだっただろうか？　おそらくプレヤーレンのコンタクト記録のこの水準が、ディスクロージャー以降に公開される世の中の情報の基準になると思われる。

プレヤーレンとビリー・マイヤーとのコンタクトは、今もリアルタイムで続いている。

そしてちょうど今、プレヤーレンは500年に一度の「人類の進化状況の査定」の最中である。

最近のコンタクト記録には、この査定が終わり、ビリーのプレゼンテーションがエラ星全体に放送されたと思われる記述がある。

「第859回コンタクトレポート」より
2023年8月11日（金）0時1分　◆コンタクト相手：ケツァル
https://www.futureofmankind.co.uk/Billy_Meier/Contact_Report_859

ビリー　また来ましたね。ようこそ、友よ。

ケツァル　昨日の委員会の要請に従い、すべての質問に答えていただき、ありがとうございました。

あなたの詳細な説明は惑星全体に放送され、エラ星の人々の注目を集め、参加者全員に忘れがたい印象を残しました。

このコンタクト記録の後半には、ビリーがケツァルの要請を受け、エラ星に行った可能性を示唆するような記述もある。

ケツァル　プターからそのことを聞きました。でも、今、私はあなたと一緒に行きたいのです。

ビリー　もし、私たちがこの場を離れていいのなら、そうしてもいいのでしょうが……。

ケツァル （所要時間は）4時間くらいしか、かかりませんが……。
（中略）
ビリー それであれば必要なことを手配して、注目されることなく、朝までにはここに戻ることができます。
ケツァル では、一緒に行きましょう。

ビリーが何のためにエラ星に行くのか、その目的は明かされていない。

スファートは『地球の年代記』に、〝かつて一緒に行って、観て経験してきた未来にどのような不快なことが起こるのかを、2023年にはビリーが公表するだろう〟と記していた。

もし、500年に一度の査定が終わり、ビリーがエラ星でプレゼンテーションをしたのであれば、その結果を踏まえて、今後地球に何が起こるか、これまで以上に具体的に公表されるのかも知れない。

少なくとも、そのように予感させる記述である。

人類への警告のみならず、プレヤーレンのコンタクト記録の内容は、圧巻である。

筆者は、以下でプレヤーレンの最新情報を紹介している。興味のある方は、ぜひ購読してみてほしい。

＊　＊　＊

【プレヤーレンの情報を中心としたサロン】危機を乗り切るための高級雑学（ＹＯＯＲのサイト）

https://yoor.jp/door/yasushi_takashima

【世界情勢やプレヤーレンの情報を紹介】未来を見る！「ヤスの備忘録」連動メルマガ

https://www.mag2.com/m/P0007731

＊　＊　＊

最後に、この本の編集を担当していただいた湯川真由美さんに心から感謝したい。湯川さんは筆者を超える情熱をこの本に注いでくださった。彼女の努力なくして、この本は実現しなかっただろう。また、実に的確なアドバイスにも感謝している。

２０２３年８月

高島康司

◆ 著者プロフィール

高島康司（たかしま やすし）

コンサルタント、世界情勢アナリスト。子ども時代を日米両国で過ごす。早稲田大学卒業。在学中、アメリカの大学に公費留学。帰国後、教育産業のコンサルティングなどのかたわら、語学書、ビジネス書などを多数著す。メルマガで、日本では報道されない情報を発信。毎年多くのセミナーや講演に出演。
主な著作は、『2020年アメリカは分裂する！』（ヴォイス）、『「資本主義2.0」と「イミーバ」で見た衝撃の未来』（ヒカルランド）、『日本人が知らないグレート・リセット6つの連鎖』（徳間書店）、『エノクの預言』（ナチュラルスピリット）、他多数。

プレヤーレンの最新情報を発信！
危機を乗り切るための高級雑学、世界情勢徹底深読み
https://yoor.jp/door/yasushi_takashima

世界情勢を徹底分析！
未来を見る！『ヤスの備忘録』連動メルマガ
https://www.mag2.com/m/P0007731

高次宇宙種族プレヤーレンによる警告と教え
人類滅亡の回避ときたる黄金期の世界

●

2023年9月26日　初版発行

著者／高島康司

装幀／鈴木 学
編集／湯川真由美
DTP／細谷 毅

発行者／今井博揮
発行所／株式会社 ナチュラルスピリット
〒101-0051 東京都千代田区神田神保町3-2 高橋ビル2階
TEL 03-6450-5938　FAX 03-6450-5978
info@naturalspirit.co.jp
https://www.naturalspirit.co.jp/

印刷所／創栄図書印刷株式会社

ISBN978-4-86451-450-7 C0011